가득소리 가온소리 바닥소리

가득소리 가온소리 바닥소리
— 신학적 주제로 엮어 푼 多夕 한글 시

205년 5월 23일 처음 펴냄

엮어씀      이정배
펴낸이      김영호
펴낸곳      도서출판 동연
등록        제1-1383호(1992. 6. 12.)
주소        서울시 마포구 월드컵로 163-3
전화/팩스   02-335-2630 / 02-335-2640
이메일      yh4321@gmail.com
SNS        instagram.com/dongyeon_press

ISBN 978-89-6447-099-2  03150

# 가득소리 空
# 가온소리 公
# 바닥소리 共

신학적 주제로 엮어 푼
多夕 한글 시

**이정배** 엮어씀

동연

2년 전 겨울 나는 6개월에 걸쳐 근 5천 쪽에 이르는 『다석일지』 전권을 뒤지고 또 뒤지고 있었다. 한시보다 더 많이 지었고, 난이도 역시 한시 이상이라 평가받는 다석의 한글 시이기에 시간도 노력도 많이 필요했다. 이 과정에서 다석이 한시를 재차 한글 시로 풀어 놓은 것도 상당수 눈에 들어왔다. 한글 시만 제대로 알면 얼추 다석 사상의 베일이 벗겨지리라는 생각에 이르렀다.

하지만 그의 한글 시는 독해가 쉽지 않다. 해서 한국 사람도 이해하기 어려운 한글 시를 두고 찬반의 평가가 엇갈린다. 그의 제자 함석헌의 글쓰기에 견줘 씨올을 말했으나 정작 씨올 민중을 외면한 글이라는 비판 소리도 있다. 언어 마술사라 불리는 어느 시인도 그렇게 평가했으니 말이다. 다석 사상과 오래 씨름해 온 필자 역시 그런 생각이 없지 않았다. 굳이 왜 이렇게…. 다석 글을 일견한 사람들에게서 나온 공통 질문일 것이다.

언어는 표현의 단순 도구가 아니라 "존재의 집"이라는 말에 답이 있다. 한글 속에서 한국인의 사유 및 존재 방식을 찾는 일에 다석 류영모만큼 공헌한 이를 찾기 어려울 것이다. 한글을 민족에게 주어진 하늘소리, 곧 천문으로 여긴 까닭이다. 이는 오롯한

"훈민정음(해례본)"의 재발견에서 비롯됐다. 일제에 의해 부정당했던 한글 창제 원리를 되살려 기존 관변 언어, 역사학자들의 이론과 맞선 결과였다. 아래·를 비롯한 사라진 4개의 글자를 복원시켜 씨알 민중에게 하늘 뜻을 전하려 한 것이다. 이에 대한 연구가 최근 소장학자들 중심으로 활발하게 진행되고 있는바 다른 글에서 밝힐 생각으로 여기서는 논외로 한다.

사실 이 작업은 〈창비〉가 창립 60주년을 기념하여 조선 시대부터 20세기에 이르기까지 한국을 대표하는 사상가 59명을 책 30권에 소개하는 큰 프로젝트의 일환으로 시작되었다. 다석 류영모의 사상을 한 권의 1/3분량으로 발췌, 정리해달라는 요청을 받았기 때문이다. 함석헌 사상이 온전한 한 권으로 엮어지는 경우와 견줄 때 아쉽고 안타깝기 그지없다. 하지만 다석이 남긴 저술이 난해한 『다석일지』뿐인 것을 생각할 때 어쩔 수 없는 일이었다. 김흥호, 박영호 선생님들이 풀어 놓은 책자들이 많았으나 저자 원문만을 발췌해야 한다는 출판사의 원칙 탓에 이 역시 논외가 되어야만 했다. 이런 연유로 『다석일지』 속의 한글 시를 통해 다석 사상을 발췌, 정리할 생각을 하기에 이르렀다. 남겨진 한글 시를 해설 논문과 더불어 신학적 주제로 엮어가면서 말이다.

하지만 한글 시를 제대로 이해할 수 있는 독자가 없을 것이란 판단을 근거로, 또한 편집 성격상 해석과 풀이는 본문에 포함될 수 없다는 원칙에 따라 나의 이런 시도는 재고를 요청받았다. 〈창비〉 측은 이러한 현실에 미안해하면서도 전폭적 수정을 요구한 것이다.

어쩔 수 없이 한글로 풀어진 두 권의 책을 갖고서 본문을 만드는 일을 다시 시작했다. 주지하듯 『다석강의』(현암사, 2006)와 『므름·브름·프름 — 다석 류영모의 마지막 강의』(씨올누리, 2022)가 그것이다.

이 두 책은 다석의 초기와 말기 사상을 알 수 있는 중요한 책이다. 하지만 앞의 책은 YMCA 연경반에서 일반인을 상대로 한 1년 치의 강연 내용이었고, 나중 책은 동광원 수련회에서 기독인들을 상대로 한 설교를 모은 것이기에 내용과 어투에 있어서 적지 않은 차이가 있다. 후자의 경우 자신을 향한 정통 기독교인들의 반응을 고려한 화법이었다고 생각한다.

하지만 20여 년에 걸쳐 썼던 『다석일지』 속의 한글 시를 읽었던 필자로서는 위 두 책만으로 다석 사상을 풀어 정리하는 일에 부족함을 느꼈다. 하여 몇몇 주제에 관해서는 관련 한글 시를 덧붙이는 방식으로 올 초 원고를 출판사에 전달했는데, 〈창비〉 측에서 얼만큼이나 한글 시를 품어 줄지 모르겠다.

이런 현실에서 최초 작성했던 원고를 다시 살폈다. 다석의 한글 시를 20여 주제로 분류하여 해석을 붙인 자료가 사장되는 것이 안타까웠기 때문이다. 무엇보다 한글 시를 연도별로 찾아 읽을 때 느끼지 못했던 사상적 체계가 한눈에 들어왔고, 종래 어느 책보다 깊은 영성과 조우할 수 있으며, 상대적으로 현실에 둔감했다는 다석에 대한 오해를 벗길 수 있는 자료였기 때문이다. 무엇보다

200여 편의 시를 25개의 주제로 엮어 풀어낸 첫 자료 속에 다석이 의도한 동양적 기독교의 진수가 드러났던 까닭이다.

처음 원고를 다시 살피는 중에 주제를 21개로 줄였으며, 한글 시를 원본 『다석일지』에 맞게 꼼꼼하게 수정했고, 무엇보다 시에 대한 해설을 세밀히 검토했다. 이 과정에서 이 책을 7권으로 풀었던 현재 김흥호 선생의 『다석일지 공부』에 크게 빚졌다. 그의 해석을 수용했고 그에 내 생각과 이해를 덧붙이는 방식으로 한글 시에 의미를 더한 것이다.

이렇듯 첫 원고가 새 모습으로 마무리될 무렵 정양모 신부님의 노작, 『다석일지 1, 2, 3권』(길, 2025)이 출판되었다. 난해한 한글 시를 쉽게 풀어 설명했고, 그에 간단한 해석을 덧붙이는 형식을 취한 것으로 대단한 작업이었다. 원본에 따라 한글 시를 윤문하여 시기별로 정리해 놓은 것이다. 종교 사상가인 김흥호의 책이 해석에 무게를 실었다면 신약 성서학자가 애써 만든 나중 책은 윤문에 치중했다. 이런 이유로 나는 정양모 신부님의 책을 다시 살펴야 했고—물론 필요한 만큼— 그분이 애써 풀어낸 윤문을 통해 나의 작업을 재차 수정할 수 있었다. 적절한 시기에 신부님의 덕을 크게 입은 것이다.

하지만 내 작업은 한글 시를 주제별로 엮었고 뜻풀이에 역점을 두었기에 다석 사상을 체계적으로 이해할 수 있는 장점이 있다. 전체 한글 시 가운데 1할 정도의 양밖에 싣지 못했으나 분류 작업이 되어 있는 만큼 추후라도 확대, 개정될 충분한 여지가 있다. 아울러

목하 진행 중인 박영호 선생의 『다석일지 낱말 사전(가제)』의 출판을 가슴 설레며 기다린다. 앞선 선생님들의 노고로 다석 연구를 위한 기초 작업이 일단락되는 대사건이 될 것이다.

　주지하듯 필자는 『역사유비로서의 개벽신학』(신앙과지성사, 2024)을 통해서 세 개의 공, 즉 '空·公·共' 개념을 제시했다. 이 책은 동학사상과 다석 신학의 상관성을 찾고자 하는 노력에서 비롯한 것으로 신학함에 있어 주객 도식의 치환은 물론 서구 기독교, 자본주의, 대의민주제의 한계를 적시했으며, 인류세 이후의 지구를 상상한 저술이었다. 여기서 필자는 세 개의 공을 동양적 언어로 '體·相·用'으로 바꿔 사유할 수 있다고 보았다. 기독교적 구성으로는 '신론 · 기독론 · 성령론'으로 일컬을 수도 있을 것이며 동학적으로는 '無爲自然(무위자연) · 以天食天(이천식천) · 勞而無功(노이무공)'으로, 혹은 '內有神靈(내유신령), 外有氣化(외유기화), 各知不移(각지불이)'로 그리고 한글 시의 관점에서는 '가득소리, 가온소리, 바닥(탈)소리'로 언표될 수 있겠다 싶었다. 다석에게 있어서 복음은 가득 소리(없이 계신 이)로, 가온 소리는 빈탕과 하나 되는 길로서 그리고 바닥 소리의 경우 '믿 힘', '밀어서 위로 올리는 바탈의 힘'(믿음)이라 풀어졌기 때문이다. 여기서 '있음'에게 온통 자리를 허락하는, 즉 '有'의 근거이자 토대인 '없음'(空)은 '가득 소리'와 의미상 통할 것이며, 첫 '空'의 육화로서의 '公'은 대동(개벽)세상에 이르는 '가온 소리'에 해당할 것이고, 이렇듯 평등 세상을 이루는 힘을 첫 '空'의 역할이자 작용으로서 '共', 곧 '바다 소리'라 일컬을 수 있겠다. 이런 유추적 해석이 가능할 수 있는 이유는—여기서 논할 자리가 없어 유감이나— 기존의 양대 유비, 곧 존재 유비(가톨릭)와 신앙 유비(개신교)를 넘어선 '역사 유비'의 덕분일 것이다. 이로써 필자는 본 책의 제목을 바다 소리, 가온 소리, 바닥(탈) 소리로 정할 수 있었다.

〈창비〉덕분에 시작된 이 책을 〈동연〉에서 출판할 수 있게 되어 기쁘다. 얼마 전 영인본 『다석일지』 전 4권을 출판하여 다석 연구자들에게 힘을 실어준 김영호 장로님에게 고마움을 전한다. 돈보다 책의 가치를 우선했기에 가능한 일이었다. 이 책을 교정 보는 일 역시 쉽지 않았을 것인데 마지막까지 힘써준 편집자분들께도 머리 숙인다.

이 책 끄트머리에 다석 한글 시에 곡을 붙인 노래 몇 곡이 수록되었다. 이대 음대에서 가르쳤던 조병옥 선생님과 제자 이혁 목사의 작품이다. 다석 사유의 대중화를 위해 기여가 클 것이라 믿는다. 곡을 지어준 두 분 정성이 고맙다. 뵌 지 오래된, 아마도 구순에 이르셨을 조병옥 님의 건강을 기원한다. 거듭 말하는바 이 책에 담겨있는 영성적 가치는 어느 서적과 견줘도 못하지 않다. 그 영성은 결코 개인적 차원뿐 아니라 현실을 치유하는 힘도 제공할 것이다. 이 책이 독자들에게 자기 자신과 현실 기독교를 성찰하는 계기가 될 수 있기를 소망한다. 다석 사상을 체계적으로, 또한 비교적 쉽게 사유할 수 있는 길도 이 책이 주는 장점이라 하겠다. 훈민정음 체에 근거하여 한글을 맘껏 부리며 동양적 기독교를 재구성하는 다석의 말놀이에 큰 감동이 생기리라 믿으며 글을 마감한다. 이은선 교수가 추구하는 신학(信學)도 항차 다석으로부터 배울 바가 적지 않을 것이다.

제7공화국의 탄생을 염원하며 5월 첫날에

횡성 현장아카데미에서

이정배 두 손 모음

# | 차 례 |

# 1. 한글관

1) 훈민정음 『다석일지 2권』(1970. 7. 22~23.)


홀우지슴 민듬궞

오린우린 옮틸름

……

믈ㅁ 닐름민듬

몸븨우 ㅇ들올 닐러믈업

빈몸 ㅇㅂ속 ㅎ야일업

얼든소리(音) 얼뜬소리(聲)

꼭 바른소리(正音)

울월뜯(意)


훈민정음은 하늘 영감을 받아 하루아침에 지은 것이다. 마치 태초에 신이 세상을 창조하듯 아무것도 없는 데서 말이다. 오랫동안 뜻을 펴지 못하여 희미해진 우리들 시각을 확 열어젖혔다. 앞이 확 트였으니(豁豁홀홀) 더 이상 어떤 말도 필요 없다. 하늘의 도가 만든 것이기 때문이다. 한글 자체가 진리에서 터진 것이기에 이에 더할 말이 없다. 생명을 담았기에 더더욱 그러하다.

마음을 크게 비워 아들 얼이 그 속에서 나오고 빈맘, 즉 허공이신 아버지 속에서 울려 나온 것이 한글, 훈민정음이다. 이 말과 글 속에는 얼이 들어있다. 靈音이자 神音이라 말할 수 있을 만큼. 얼뜬소리는 얼이 뛰어나오는 소리라는 뜻이다. 이렇듯 얼을 담은 훈민정음을 '울월뜯'이라 말할 수 있는데 민족정신을 고양시켜 세상을 초월할 수 있도록 하기 때문이다. 그렇기에 훈민정음은 바른 소리일 수밖에 없다. 단지 백성을 가르치는 소리가 아니라 하늘로 이끄는 天文인 것이다.


2) 싱싱히 솔ㅇ 힝ᄃ녀ᄀ옴 『다석일지 2권』(646~647쪽)

> 싱싱히 솔ㅇ 힝ᄃ녀ᄀ옴
>
> 으이아 이저 있다 업서 잇잔코
> 이제 예 솝
> 기니디리미비시이지
> 치키티피히

아야어여오요우유 으이ㆍ

ㅡㅣ ㆍㆍ ㅣ ㆁ

ㅅ ㅣ ㆁ ㅎ ㅣ ㆁ 우린 이제 여⊕로 솟ㄴ 올홀 믈솜

ㄹ 솖 ㄱ서 쏠 와서 쏠 ㄱ오는 ㄹ듸 솖

암 아옴 아멘


이번 시에는 산 날수가 표기되지 않고 쓴 날짜가 적혀있다. 위 시는 다석을 조금 아는 분들에게는 널리 알려져 있다. 자음 14자에 모음 'ㅏ' 대신 'ㅣ'를 넣어 '기니디리 미비시이지 치키티피히'로 말하면서 사람이 하늘 빈탕으로 오르는 과정을 설명했고 모음 10글자 역시 같은 뜻을 담았다. 글자 그대로 母音은 어미 소리로서 인간을 하늘로 부르고 아들소리 子音을 그 소리를 따르는 형상으로 풀어냈다. 한마디로 소리글자인 한글을 뜻글자로 사용한 것이다. 이는 天地人, 삼재론을 애시당초 신학적으로 풀었기에 가능한 일이었다. 세상을 뚫고 위로 오르는 소리, 으이아는 바로 십자가였다.

한글 시 제목에서 보듯 ㅅ과 ㅎ이 거듭나온다. ㅅ은 생명을 나타내는 자음이고 ㅎ은 하늘의 밝고 광대한 모습을 상징한다. 충만한 생명의 힘으로 이세상을 싱싱 살다가 밝은 하늘, 광대한 하늘나라로 돌아가라고 한다. 하지만 세상을 뚫고 위, 하늘로 솟나 오를 때 고통이 수반된다. 그 소리가 바로 '으이아', 다석에겐 이것이 십자가였다. 누구든 여기 이 땅에서의 삶은 잠시 후 사라진다. 잠시 후 죽는다는 사실을 기억해야 한다. 그럴수록 無, 없이 있는

하느님을 잊지 말라고 했다.

그렇다면 잠시 머문 이 땅에서 사는 의미가 무엇일까? 훈민정음 자음이 그 뜻을 밝혀준다. '기니디리…'로 시작하는 자음 뜻은 다음과 같다. '그리스도가 십자가에 달려서 하늘에 제사 지내는 것이 보이지. 치켜 올라가고 마음이 트이고 꽃을 피우고 흰 하늘까지 올라가는 것을 보라.' 여기서 '기니'는 순우리말로 사람을 최고로 높이는 말이다. 이렇듯 다석은 한글을 正音이자 하늘 계시로 여겼다. 그렇기에 우리 자신을 하늘의 제물이 되라고 한 것이다. '네 자신을 산제물로 바치라'는 성서 말씀과 다르지 않다.

자음처럼 모음도 하늘 계시이다. 아야어여오요우유를 '아이야 어서와요. 위로 세상을 뚫고 곧장 하늘로 올라오라'로 풀었다. 인간을 하늘로 부르는 어미소리, 그 소리에 화답하는 것이 앞서 말한 자음, '기니디리…'였다.

여기서 '으이아'와 '아이으'의 뜻이 상반된다. 앞의 것은 인생이 하늘로 오를때 부닥치는 고통의 소리이고 나중 것은 하느님의 하강, 사랑을 뜻한다. 하느님 사랑과 사람이 걸머질 십자가, 이 둘을 보여주는 것이 복음이자 정음인 한글이다. 우리는 이 땅에서 '으이아', 십자가를 지고 솟날 생명이다. 하늘이 우리에게 바탈(받할 : 위로부터 받아서 할 것)을 주셨기 때문이다. 하늘에서 받은 말씀(바탈)을 갖고 '말 숨' 쉬며 사는 것이 이 땅에 태어난 이들의 피할 수 없는 삶이다. 『다석일지』(1956. 11. 11.)를 참조하라.

3) 부른소리 『다석일지 3권』(1971. 1. 29.)


부른소리

ㅅㅈㅊㅁㅂㅍ
삶잚찲
춤첨철침
ㄱㄴㄷㄹㅌㅋ ㅇ ㅎ ㅎ
굴늘 둘틋 달흐ㄷ 닉ㄴ굴늘
 달으다 너네 들들
나 언니 내 ㄱㄹㄴ
너 눈ㅇ 네 ㄷㄹㅌ
듣고싶극


한글이 바른소리, 곧 正音인 것은 그 속에 뜻이 담겼기 때문이다. 다석은 한글 속에 하느님 진리가 가득 담겼다고 보았다. 그래서 다석은 복음을 '가득소리'라고 풀었다. 담긴 뜻 중에 으뜸은 'ㅅ ㅈ ㅊ'의 세 단계 변화이다. ㅅ 에서 한 차원 오르면 ㅈ이 되고 또 한 단계 넘어서면 ㅊ이 된다. 산다(생명)가 좋다가 되고 그것이 다시 참이 되는 것을 보면 잘 알 수 있다.

참이 한 처음인 것은 두말할 필요가 없다. 이렇듯 ㅅㅈㅊ은 인생이 위로 오르는 과정을 보여준다. 우리들 삶이 참이 되려면 잠을 자야 한다. 이는 善(좋음)의 실천을 뜻한다. 한번 죽어야 한다는 의미이기도 하다. 그것이 '없이 있는', 즉 보이지 않는 실상, 참을 드러내는 일이다.

다른 예로 ㅁ ㅂ ㅍ을 들 수 있다. ㅁ이 터져 ㅂ이 되고, 이어 ㅍ으로 변한다. 므름 브름 프름이 되는 것이다. 사람은 생각을 통해 문제를 묻(물)고 불려서 풀어내야 할 존재이다. 세상 어느 나라 언어가 이렇듯 인간을 위로 이끄는 뜻을 지녔을까?

이어 다석은 앞선 글, 싱싱히 슬 ㅇ에서 소개했듯이 한글의 뜻을 ㄱㄴㄷㄹ ㅁㅂㅅㅇㅈㅊㅋㅌㅍㅎ에서도 찾았다. 오늘날 사용되지 않는 꼭지 없는 ㅎ을 사용해서 말이다. 주지하듯 열거된 자음은 '그분(기니)이 십자가에서 제물 되어 자신을 하느님께 바치는 것이 보이지 않느냐 치오르고 커져 티어나가고 피어오르며 하늘에 올라가서 빛이 되었음'을 드러낸다.

바로 여기서 중요한 것이 ㅇ ㅎ(꼭지 없는) ㅎ의 삼단계이다. 이 소리는 목구멍이 점점 크게 열리는 것을 그린 것으로 우리들 마음이 뚫리고 뚫려 하늘처럼 넓어지는 형상을 표현했다. 허공이 곧 마음인 것을 나타내고자 한 것이다.

글늘들 틋는 한마디로 일취월장, 계속 날마다 빠르게 지속한다는 뜻을 지녔다. 이어서 달타는 마멸, 달흐다는 치단다는 뜻으로 발톱이 닳도록 달리고 계속 달려(수행) 존재 자체가 변하는 것을 말한다. 이것은 언니, 누나 모두의 일이다. 그러나 먼저 말씀(바른소리)을 들어야 생각할 수 있고 수행도 가능하다. 언제나 들은 후 생각이다. 이 둘은 같으면서 다르다(同卽異). 다석은 이런 언어를 타락시켜 시민과 민중을 땅으로 끌어 내리는 목하 정부 권력자들의 죄를 크게 보았다.

4) 우리ᄂᆞᆯ『다석일지 제3권』(1972. 1. 25.)


우리ᄂᆞᆯ


니ᄀᆞᄂᆞᆯ줄 울면 줄슬ᄂᆞᆯ 참됴혼ᄂᆞᆯ
누ᄀᆞ니릭 니ᄀᆞ니디 우리ᄂᆞᆯ 됴혼ᄂᆞᆯ
등걸님 우리호울로 여러노신 **뚫**ᄂᆞᆯ


한글 주제를 다루는 항목이라 '우리나라'에 대한 글도 소개한다. 다석에게 '나'와 '나라'는 서로 다르지 않다. 부분과 전체의 관계 이상으로 이 둘은 상호 공속 개념이다. '나'가 나라가 되고 나라가 '나'가 되는 세상이 좋은 세상이다. 이를 일러 이상 국가, 대동세계라 하겠다. 내가 '나'가 되는 것, 이것이 홀로 서는 독립이다. 독립은 누가 하는가? 바로 '나'가 하는 것이다.

내가 '나'라고 말할 수 있을 때 비로소 '나라(국가)'가 있다. 그래서 '나'와 '나라'는 나뉠 수 없는 하나다. 모든 백성이 거침없이 '나'라고 외칠 때 거기서 독립된 나라(국가)가 비롯한다. 단군(등걸)께서 시작한 나라가 바로 이런 나라이다. 우리 인간을 위로 오를 수 있게 하늘 문을 여신 분이 단군이다. 인간을 하늘로 통하게 했으니, 나를 '나'라고 말할 수 있게 했으니 우리나라는 좋은 나라이다.

그런데 나가 나 되는 길을 막고 '내라 내라' 하는 놈들이 설치고 있다. '나'라는 소리를 못 내게 하고 자기만을 '나'라 하며 가진 것을 '내'라 하(빼앗)는 위정자들로 이 땅이 나쁜 땅이 되어버렸다. '내라, 내라' 하는 놈들은 도적들이고 '나라, '나'라를 북돋는 이들이 애국자이다. 민중을 수탈하는 이들이 강도(圖得疾)이고 그들을 인간답게 만드는 이들이 이 땅을 사랑하는 자들이다.

우리나라를 좋은 나라로 만들라고 불교도, 유교도 그리고 기독교도 이 땅에 존재하는 것이다. 우리 모두 '나'라를 외쳐보자. 홀로 서 보자. 외세에 의존하려 말고…. 독립을 피 터지게 외쳤던 3.1절은 바로 나를 찾는 운동이었다.


5) 님 + 김 『다석일지 3권』(1972. 12. 2.)


님 + 김

ㄴ(니은) 님+김 ㄱ(기윽)
니기
니기ㄹ
니기ㄴ
니기히ㄹ
니기ㅎㅁ

니키ㅁ

니끌ㅁ

꼭논목스욿ㅁ


이날 한글 시 두 편이 실렸다. 위 시는 두 번째 것이다. 당일은 어머니 사후 7724일이 된 날이었다. 아마도 위 시는 어머니 죽음을 기억하며 썼던 사색의 산물일 것으로 추정한다.

ㄱ은 위로부터 내려오는 형상으로 하늘을 뜻하고 ㄴ은 하늘에서 내려온 것을 받는 땅을 의미한다. ㄱ과 ㄴ이 합하여 ㅁ이 되는 바 사람 몸이라 말할 수 있다. 님과 김이 합해져 세상, 우주가 된다. 김흥호는 이를 理氣로 보고 성리학의 氣發理乘으로 보았다. 氣가 발함에 理가 타서 인간도, 세상도 생겨나는 까닭이다.

이제 님김을 갖고서 다석의 말놀이가 시작된다. '니기'는 머리 위에 임(님)을 이는 것이고 '니길'은 떡을 반죽하여 연하게 만들 듯 이긴다는 뜻이며 '니긴'은 그래서 이겼다는 뜻이겠다. '니기힐'은 승리하기를, 니기힘은 임을 머리에 일 때 힘이 솟는다는 것이며 그리고 '니킴'은 이기도록 시킨다는 뜻이다. 마지막 '니끌'은 그렇게 이겨내도록 이끈다는 의미라 생각된다.

한글 시 마지막 줄 '꼭논목스욿ㅁ'은 이런 원칙을 꼭 명심하고 위로 올라 땅으로부터 자유케 되라는 뜻이겠다. 결국 위 시는 하늘과 땅 사이에 살고 있기에 인간은 누구나 하늘을 머리에 이고 살 때 힘이 솟고 땅(세상)에서 벗어날 수 있다는 가르침이다. 위로 오르는 목숨 되는 것이 인생의 궁극처라는 것이다. 결국 님김(ㄴ과 ㄱ 그리고 ㅁ)을 갖고서 인간을 위로 이끄는 한글의 성격을 재차 각인시켰다고 볼 수 있다. 어머니 歸天 일에 어머니를 생각하면서 말이다.


6) 씨올글씨 『다석일지 3권』(1972. 11. 7.)


씨올글시

우리는 우리뜻을 닌소리로쓴 우리글시!
옳소리 뜻소리 : ㄱ중 ㅂ른소리 쓰면 글시!
소리글 우리속 솟는 씨올글시!


한글, 훈민정음을 주제로 한 마지막 글이다. 그간 다석은 한글을 正音, 天文 혹은 얼뜬소리 등으로 표현했으나 여기서는 '씨올 글시'란 말로 달리 말했다. 한마디로 훈민정음, 한글이 백성, 민중의 글씨라는 것이다. 한글로 인해 우리 백성은 자신 뜻을 펼칠 수 있고 자기가 낸 소리를 적을 수 있게 되었다. 소리뿐 아니라 뜻을 담아 표현할 수 있는 것이 한글이다. 소리글자로서 뜻글자, 상형문자인 한문 이상으로 뜻을 표현할 수 있다고 생각했다.

한글은 우리들 속알을 피워 티워 오르게 하는 씨알글씨이다. 백성들 억울한 속마음을 글로 적어 모두를 공감할 수 있게 하는 글이기도 하다. 이런 소리를 못 내게 하고 뜻을 펴지 못하게 만드는 권력은 용서받지 못한다. 한글 속에 인권이 있다. 거듭 말하지만, 다석에게 한글은 하늘에서 온 글이자 민중 씨알의 소리였다. 자음과 모음은 사람이 나가야 할 방향을 제시한 하느님 말씀이다. 그래서 씨알글씨라 했다. 세상에는 세 종류의 뜻이 있다(『다석일지 1973. 4. 25』)고 한다. 다석이 말한바, 삼뜻(愛親), 속뜻(自然), 선뜻(好學)이 그것이다.

'삼뜻'은 누구나 다 아는 것으로 남녀 간 사랑으로 사는 것이고 '속뜻'은 하늘 주신 인간 바탈을 뜻하며 '선뜻'은 그곳을 목표 삼는 立志로서 학문의 길을 말한다.

# 2. 시간

1) 온히 『다석일지 1권』(1955. 11. 26.)

온히

온히는 밤새 간히, 산덧 웁스니

오는 히, 산는 말을 참아 흐는이 뉘뇨.

올에 히사룸, 자람, 차람. ㄱ. 임(김씸)


새해가 왔나 했더니 어느새 지난해가 되어 버렸다. 오는 해, 미래를 산다고 말하는 이 누구인가? 시간을 붙잡을 수 있는 사람 아무도 없다. 하지만 시간을 멈추게 하는 길이 있다. 영원한 말씀을 붙잡으면 된다. 그런 사람은 금세 과거가 되어 버리는 현재(올히)에 살지 않고 하느님과 함께 사는 시간이 흘러 들어오는 '해사람'이 되기 때문이다. 이런 존재를 일컬어 현존(실존)이라 한다. 이런 '해사람'은 거듭 자라서 하늘까지 차오른 존재이다. 이런 존재는 시간과 무관한 자유의 존재이다. 김흥호는 이를 '시간제단', 시간을 끊는 일이라 말했다. 해사람이 되면 언제든 죽어도 좋다.


2) 하루 때문 『다석일지 제1권』(1955. 4. 26.)


하루 때문

한
이승에선 꽤 한 해 보는
하루때문
ㄱㄴ지ㄷㄴ ㅁㅗㄹㅂ지ㄹㄴ 비ㅗ러 자ㅂㄴ ㄴㄹ날
ㅂㄴ
1956. 4. 26
ㅛ하ㄴ 12, 27


　　이 글은 『다석일지』 1권 첫 쪽에 실려있다. 1955년 4월 26일 자 일기인데 글 말미에는 그로부터 1년 뒤인 1956년 4월 26이라 적었다. 다석은 이 글을 쓰면서 1년 후 이날을 자신이 죽는 해로 미리 정해놓았다. 사랑했던 제자 김교신이 앞서 세상을 떠난 지 꼭 일 년 되는 시점이다. 죽는 날을 기다리며 살게 된 다석에게 시간은 하느님 것이 되었다. 한 해를 한정했기에 매일매일 줄어드는 시간을 경험하는 죽음의 존재가 된 것이다. 그로써 하루하루의 시간을 뜻으로 살아야 했다. 다석은 자신의 시간을 말씀으로 채우기 위해 생각하기 시작했다. 그 생각을 적은 것이 『다석일지』가 되었다.

사실 한해라 했지만, 우리에게 주어진 것은 하루뿐이다. 우리들 생각은 하루 속에서 일어나는 것이다. 그래서 우리 역시 하루살이다. 다석은 하루를 '할 우', 위에서 주어진 할 것으로 풀기도 했다. 다석은 1년이란 시간을 하늘에서 빌려 잡아놓았다. 그날, 죽는 날이 자기 인생의 정점이 될 것을 바라서이다. 가장 환한 하루가 될 것을 믿었던 것이다. 요한복음서의 말씀이 바로 그것을 뜻한다고 생각한 것이다. "지금 내 맘이 민망하니 무슨 말을 하리요. 아버지여, 나를 구원하여 이때를 면하게 하여 주소서. 그러나 내가 이 시간을 위하여 여기에 왔나이다." 하루를 생각으로 불사르는 삶, 그것이 인생이다. 그것을 하느님과 함께하는 삶이라 했다. 세상의 불이 아니라 내 속의 빛으로 사는 길이다. 밖의 불은 꺼지나 내 속의 빛(할 우)는 꺼질 리 없다. 이것을 아는 것이 은총이다.

3) 나말슴 『다석일지 1권』(1956. 11. 12.)

나말슴

이긋제긋 이제긋이오 ㅣㅓㅣ 예 예긋이오니
고디고디 ㄱ̣ 찌기 끗끗내내 디긋디긋
이긋이 첫긋맞긋야 인제 몰릅거니라

나말슴은 내가 영원한 생명이란 뜻이다. 성서의 하느님이 말하듯 나는 나라는 선언이다. 다석은 이런 나를 긋(끝)이라 표현했다. 하늘로부터 온 끄트머리가 인간이란 것이다. 바탈(받할), 혹은 얼(본연지성)과 뜻에 있어 다르지 않다. 이 긋은 끝이면서 동시에 시작이기도 하다. 내가 나라는 것이 바로 제긋이다. 이 긋은 시간의 긋(끝)이기도 할 것이다. 그 긋이 바로 이제인바, 영원의 긋이다. 이 시간이 이어 이어져 여기에 다다른 것이 예긋이다. 예긋이 바로 이제가 되는 셈이다. 각기 영원의 끝인 이제(시간)와 예긋(공간)이 만날 때 고디가 된다. 고디는 곧이 곧장 즉 올곧다는 뜻이다. 오고 가는 시공간 속에서 인간이 주체로 우뚝 서는 것이 가온찌기이다. 시공간을 초월한 존재가 되는 것이리라. 지속적으로 땅에서 영원의 긋(끝)의 삶을 실현시킨다는 말뜻이다. 끄뜨머리에서 처음을 만나는 순간이다. 태초도 이 순간이고 미래도 이 순간 속에서 설명된다. 여기서 시공간을 끊고 처음과 하나 되는 신비(영생)의 삶이 시작되는 까닭이다. 이런 나를 깨달아 아는 것이 인생의 과제(종교)가 아니겠는가?

### 4) 몸먹기 『다석일지 2권』(1962. 8. 18.)

#### 몸먹기

몱히는 몬 맑히는 맘 붉히는 낯 밝히는 얼
팔리는 폼 플리는 뜻 맑 밝 푫에 몸먹 떨리
떨대로 떨손 친대도, 너ㄹ 바로만 : 먹고져!

몬(물질)은 자꾸만 뭉쳐(모아)지려 하나 마음은 거듭 비워 맑아져야 하며 우리 얼굴은 염치(부끄러움)를 알아 붉어지면 좋겠고 정신은 깨어 밝아져야 할 것이다. 맑고 밝고 푸르는 인생을 살라는 것이다.

본디 인격(인품)은 죽어서도 사는 것이기에 팔려서는 아니 될 것이며 뜻은 지속적으로 펼쳐내야 인생이다. 마음을 맑히고 밝혀 풀어내는 일이 두렵고 떨리는 일인 것이 분명하다. 떨리고 떨리더라도 마음이 위로 가도록 결심해야 그것이 사람이다. 다시 말하지만 두렵고 떨리더라도 항시 마음을 그렇게 먹어야만 한다.

## 5) 봄 『다석일지 1권』(1959. 3. 3.)

봄

익기집서 눈떠나니 땅위에서 귀떴고나.
말슴아는 몸이되니
늘살길로 하늘솟자.
이 봄이 옳음즉ㅎ니 여름맺혀 뵙과져.

이날 일지에는 글 세 편이 실려있는데 오늘 소개하는 시는 마지막 세 번째 글이다. 내가 춘분에 찾아 읽었기에 '봄'이라는 세 번째 주제를 택했다. 다석은 '봄'을 없었던 것을 다시 보기 때문에 봄이라 했다. 황량했던 겨울 대지에서 새 생명이 보이니 봄이란 것이다.

씨알(애기집)에서 싹터 눈이 열리듯이 이 땅에서 말씀을 듣고 우리 귀가 열리면 우리는 말씀을 아는 마음이 된다. 싹이 자라듯 이 마음이 날로 커지면 진리를 사랑하는 영원한 삶을 향해 나가게 된다. 땅에 살지만 하늘 길(뜻)로 솟아난 존재가 되는 것이다. 이런 대자연의 싹틈이 옳듯이 나 역시 눈을 떠서 봐야 한다. 봄은 내가 눈 떠 보라고 봄이다. 싹이 자라 꽃을 펴서 여름에 여름(열매)를 맺듯이 우리도 눈 떠서 봐야 철이 드는 법이다. 이 봄에 싹 나듯이 우리도 눈떠 철들 준비를 해야 한다. 그래야 늘살길(영원)이 시작된다. 여름은 열매가 맺혔다고 여름(열음)이다. 열매가 맺히면 죽음은 없다.


### 6) 턱바지 숨차 『다석일지 1권』(1959. 5. 2.)


턱바지 숨차


때라 ᄒ니 무슨 때. 지내곤 벗어얄 허믈 때.
터라 ᄒ니 무슨 터. 땅땅 내놓고 주고(죽어)갈 터.
때삶과 터삶이란 게 목숨의 턱 바지로


다석이 1959년 5월 2일 썼던 세 편의 한글 시 중 두 번째 글이다. 흔히 산에 오를 때 급경사를 만나면 산턱에 이르렀다는 말을 한다. 우리들 이마에 산의 턱이 닿았다는 것이다. 이런 턱바지 길을 오르려면 숨이 허덕거릴 수밖에 없을 것이다. 다석은 이에 잇대어 인간 삶을 이해했다.

때는 시간이다. 지나고 나면 벗어내야 할 허물과 같은 것이다. 많은 시간 흘려보내며 살았으나 후회막급이다. 지난 시간은 마치 산턱에 닿은 턱바지와 같다. 우리를 더욱 숨 가쁘게 만들곤 했기 때문이다. 터는 공간이다. 죽으면 주고 가야 할 땅이다. '죽어'와 '주고'를 동의어로 여겼다. 하지만 산 정상에 오르면 턱바지의 숨참이 금시 사라진다.

시공간 속에서 사는 것이 우리들 인간이지만 이렇듯 이곳 지금의 삶은 산 턱바지 같아서 숨차게 만든다. 시공간, 때와 터는 언제든 턱바지이다. 인생을 힘들게 한다. 산 정상에 서려면 언제든 턱바지를 속히 벗어나야 한다. 시공간에 머무는 한, 울음은 그칠 수 없다. 말씀만이 때와 터에 달라붙은 껍데기를 벗게 한다. 그래서 시공의 삶 속에서 언제나 한 말씀이 필요한 것이다.

### 7) 셋잘 날서 하날삶 : 하루살이! 『다석일지 2권』(1963. 11. 3.)

셋잘 날서 하날삶 : 하루살이!

사흘사린! 곧 : 잘에 하나삶! 즈믄잘에 : 말? 야!
한 달 사린! 곧 : 즈믄에 하나삶!
즈믄잘에 : 말!?
세슬감 여든 슬에 : 감 매찬가지 참인 : 밖!?

앞서 소개한 시들과 뜻에 있어 차이가 없다. 단지 여기서 다석이 중요하게 생각하는 '하루사리(살이)'란 말이 나온다. 그가 자기 살아온 날 수를 헤아리며 사는 이유도 인생은 결국 하루를 사는 것이란 생각 때문이다.

1963년이면 70세를 조금 넘긴 나이가 되었을 것이다. 조금 더 산다고 쳐

도 인생은 3만날(셋잘날) 정도를 살 뿐이다. 사흘사리, 인생의 3일은 그것의
만분의 일(하나삶)을 살았다고 할 것이다. 한 달 살았다면 전체의 천분의 일
이라 말할 수 있다. 하지만 다석은 이를 천만의 말씀이라 여겼다. 3년을 사나
80세(3만날)를 살거나 우리는 결국 '하루'를 사는 것뿐이다. 하루 속에 참이
있기 때문이다. 하루에도 봄여름가을겨울이 다 있고 춘하추동이 담겨있다.

　문제는 이 하루에서 '뜻'을 찾느냐 하는 것이다. 다석에게 '뜻'은 '맛'과 대
비되는 말이다. 마음을 늘리고 몸을 줄이는 일이다. 이 뜻은 삶과 죽음으로
부터 자유케 한다. 아침에 도를 깨치면 저녁에 죽어도 좋다는 말뜻이겠다.
모든 날이 우리에게 하루일 뿐이다. 이 시에 나오는 '즈믄'은 숫자 천(千)이고
'잘'은 만(萬)을 뜻한다.


8) 나을? -날 : 아나? 모르나?-『다석일지 2권』(1962. 11. 17.)


　나을? -날 : 아나? 모르나?-


　삶다는 나 · 날 : -은- 볼수도 없이 슨= 끗 · 끗! 톱니!
　나! 죽으면 그만!!-(날 죽으면 고만!) - 가만잇서-계계신=
　계계=로!!
　끗끗이 물어넘긴 닌 잘든 나날(드는 내날, 살슨 날칼) 시뿛게

하루하루 날들은 보이지 않게 지속적으로 움직이는 톱니와 같다. 맞물려 돌아가며 모든 것을 자르는 톱니는 무서운 칼날이다. 여기서 다석은 하루하루의 시간을 톱니로 표현했다. 시간이 쌓이고 흘러가다 보면 어느새 그 시간에 의해 내 목숨이 절단되는 까닭이다. 시간이란 날카로운 톱니는 자비롭지 않기에 우리를 용서하지 않는다. 따라서 시간에 의해 죽지 않고 시간을 죽이는 일이 우리들 과제이자 사명이다. 정신의 칼을 갈고 또 갈아서, 날을 세워 살면서 매사를 처리해야 한다. 그것이 하느님 계신 곳으로 가는 일이다. 날이 없으면 칼이 될 수 없다. 자를 수 없는 칼은 칼이 아니다. 여기서 다석은 나를 '날'(시간)이라 일컫는다. 시간 속에서 사는 것이 나이고 시간을 죽이는 것(시간제단)도 나인 까닭이다. 정신의 칼날을 벼리고 벼려 시간을 베어 시간을 죽일 때 내가 산다. 시간을 베는 것이 내가 사는 길이다. 시퍼런 칼날(활인검), 그것이 바로 나여야만 한다.

　　그래서 다석은 다음처럼 정리한다. '나는 무엇인가? 나는 날이요, 시간이요, 보이지 않는 칼날이라고.' 시간 끝에서 톱니에 절단되어 죽지 말고 시간(날)을 죽이며 살 것을 말하고 있다. 그것은 결국 자신을 '없이 계신 하느님'과 하나 되게 만드는 일이다. 자신의 바탈을 찾으란 말뜻이다. 나와 날(시간) 그리고 칼날을 갖고서 인생을 논하는 다석의 한글부림이 놀라울 뿐이다.

# 3. 허공

1) 흔딕 『다석일지 1권』(1958. 10. 10~11.)


흔딕


흔딕는 바로 우리 않• 우리가 흔딕ㄴ 밖에 •

않밖 없있 계계 나드리

받금 주금 밖 나므로 밝음 죽음 않 살으리!


다석이 어머니 기일을 맞아 쓴 글이다. 공교롭게도 이 글을 쓰는 오늘이 나의 어머니 김재수 님의 기일이다. 일부러 이 글을 찾고자 했어도 어려운 일이었을 터인데 이렇듯 골라졌다.

'한데(大)'는 일견 우리에게 밖이라 생각될 것이다. 하지만 다석에게 한데는 허공을 뜻했다. 그렇다면 허공이 우리 밖에 있는 것일까? 죽으면 우리는 모두 허공 곧 한데로 떠나는 것일까? 허공을 내 밖에 있다고 생각하는 것은 상대적 삶일 뿐 종교의 경지가 아니다. 오히려 다석은 우리가 허공 안에 있다고 봤다. 허공이 본디 우리 마음(바탈)이라 한 것이다.

하여 허공은 우리 밖에서는 찾을 수 없다. 마음속에서 찾아야 옳다. 하느님 나라는 안에 있는 '밖'이고 없이 있는 '있'이다. 이런 세상을 '계계'라 하였다. 내 속으로 깊이 들어가는 것—나드리—이 허공을 아는 길이자 죽음이 없는 세계로 가는 길이다. 주고받으며 너/나 금긋고 사는 세상 밖으로 나가야 한다. 살면서 없이 '있'게 사는 것—자기를 없이하는 것—이 허공 속에 사는 것이다. 마음속에서 한데로 나드리하는 일이 자유요 정신이다. 여기서 받금, 주금은 생과 사를 뜻한다. 사후 7년 되는 날, 다석은 모든 것이 흙으로 돌아갔을 어머니를 생각하며 허공을 생각했다.

2) 마음과 虛空 『다석일지 2권』(1968. 6. 10.)

마음과 虛空

마음이 속에 잇다고 조차드러 못봐거늘
虛空이 밧게 잇듸서 차져 나가 맛날손가?
제안팍 모르는 임자 아릿다운 쥔인가!

모든것의 가진꼴을 바더주는 虛空이오
온갖 일의 別別 짓을 다 봐주는 마음인듸
아마도 이두가지가 하나인法 십구먼!

없이보고 빈탕이라 妄發을랑 마를거시!
제몸이건 쉽게을고 못되게는 안쓸거시!
님쎄서 나드시는길 가까옴 직 ㅎ구먼!

몸이 안에만 잇다 봄 달라브튼 小見이오!
虛空이 밧기라 봄 : 터믄이도 모르는 임자!
宇宙를 휩싼 虛空도 빈 몸속에 드누먼?


지난 글에 이어 허공과 마음의 관계에 대한 한글 시이다. 마음은 몸속에 있으나 누구도 들어가 본 적 없다. 내 마음 나도 몰라이다. 허공은 내 밖에 있으나 그곳을 찾고 봤다는 이도 없다. 자기 마음을 본 적 없고 알 수 없는 사람을 주체(자유와 독립)라 말할 수 없다.

모든 만물에게 자리를 주는 허공, 그것이 있어야 만물은 제 꼴을 갖는다. 하여 허공을 하느님이라 다석은 말했다. 없이 있는 하느님이 허공이다. 별짓을 다해도 받아주는 곳이 마음이다. 마음 없이는 어떤 것도 생겨날 수 없다. 이런 하느님을 없다(빈탕)하고 마음을 허무라 한다면 그것은 망발일 뿐이다.

이런 망발은 하늘을 부정하고 그리스도를 십자가에 못 박는 일과 다름없다.

몸이 안에 있다는 것은 아주 작은 생각이다. 허공이 밖에 있다는 것도 실상 아무것도 모르는 이의 생각이다. 만물을 존재케 하는 허공이 사실은 넓디넓은 마음속에 있을 뿐이다. 마음속에 허공 있고 허공 속에 마음 있다. 초월과 내재가 다르지 않다는 것이다. 내 속에 하느님 있고 하느님 안에 내가 있는바, 이것을 알 때 나는 주체이고 주인이며 영생을 얻은 자가 된다.

3) 몸에닮인 : 놈으로 몰숨ㅅ리 『다석일지 2권』(1965. 7. 18.)

몸에닮인 : 놈으로 몰숨ㅅ리

"담"아도 않주는 것을 "뉘" 가지고 "어듸를" : 가!?
닮여만 ᄀ옵기 : 믿고 ᄀ랍니다 옴 아옴 아멘
ᄀ찍이 곰·옴·있-다-없! ᄀ·ᄂ·듸ᄂ가?

허공이 곧 마음이거늘 사람들은 고작 자기 마음을 몸속에 가두고 산다. 아무 곳에도 담기지 않아야, 즉 우주와 격이 같은 살아있는 마음이 활동(生基心)하는 것인데 이를 몸속에 가두니 답답할 수밖에 없다. 어떤 사람은 아예 마음 같은 것 생각도 않고(放心) 몸에 따라 살기도 한다. 이런 사람에게서 말씀을 사뢰는, 즉 말숨 쉬는 일이 어디 가당키나 하겠는가? 사람은 목숨만 쉬지 않고 말숨, 얼숨을 쉬는 존재이다. 얼을 마음속에 담아 간직하지 않고서 인간이 어찌 인간답게 살 수 있을까. 하느님이 당겨(닮) 주기를 바랄 뿐이다.

사실 마음이 몸속에 있는 것이 아니라 몸이 마음속에 있어야 옳은 것이다. 마음이 허공이니 몸보다 클 수밖에 없다. 허공이 마음이니 마음은 줄거나 늘거나 하지 않는다. 누가 뺏거나 자신이 소유할 수도 없다. 몸이 마음에 담길 때, 즉 마음이 몸의 중심을 잡을 경우 몸이 살 수 있다. 몸이 마음에 푹 잠기는 일, 그것이 바로 가온찍기이다. 반드시 몸이 마음 한가운데 있어야 한다. 마음이 허공인 까닭이다. 옴, 아옴 그리고 아멘은 모두 진리, 참을 적시하는 같은 뜻이다. 각기 한글과 산스크리트어 그리고 히브리어로 표현했다.


4) 요한 잔 실소리 열셋월 서른 한마디 빛외와 『다석일지 1권』(1960. 4. 10.)


요한 잔 실소리 열셋월 서른 한마디 빛외와(요13 : 31)


이제 몸이 뚜렷ᄒ고 빔도 몸앓에 뚜렷ᄒ도다
빔이 몸앓에 뚜렷ᄒ면 빔도 빔앓에 몸을 뚜렷ᄒ게 ᄒ리니 곧
몸을 뚜렷ᄒ게 ᄒ리라.

요한복음 13장 31절의 말씀으로 다석은 허공(빔)을 풀어 설명했고 그 빔과 하나 된 이를 예수라 보았다. 13장을 열셋 월, 31절을 서른 한마디로 달리 말했다. 성서가 말하는 영광이 여기서 빔(허공)으로 이해, 번역된 것이다. 요한복음에 따르면 예수는 하느님 영광을 또렷하게 드러내신 분이다(빛외와). 여기서 아버지는 허공이고 예수는 마음이라 대치할 수 있다. 마음(예수)은 허공(하느님)을 또렷하게 하고 역으로 하느님은 아들 예수를 또렷하게 했다. 예수야말로 하늘로 솟난 존재로서—십자가를 통해서— 자신 몸을 하늘마음, 허공 속에 푹 담갔던 사람이었다. 그로써 예수 역시 '없이 있는' 허공이 사람이 된 것이다. 이것이 실소리, 곧 복음이다.

우리 역시 마음을 또렷하게 할 수 있다. 이는 예수가 그랬듯이 우리를 한정시키는 몸을 없이하는 노력을 지속할 때 가능한 일이다. 이것이 바로 허공이신 하느님을 또렷하게(영광) 만드는 길이다. 이런 관계를 다석은 父子有親(父子不二)이라 불렀다.


5) 무제 『다석일지 2권』(1968. 4. 15.)


무제


온게 업스니 : 가야고!

갈바 업스니 : 다왔게!
예바루 계면 : 계계 근!


　제목이 없는 한글 시다. 양평에 사는 한 지인의 죽음을 기억하며 쓴 것으로 생각된다. 이 세상에 몸으로 태어나 몸의 욕망대로 살아봤으나 아무 소득 없어 다시 왔던 곳으로 가야 하는데 하늘나라는 우리가 생각하는 그런 시공의 개념과는 거리가 멀다. 공간이 아니기에 돌아갈 곳이 없으며 그곳에는 이곳 시간의 개념이 적용되지 않는다. 갈 곳도 아닌 채로 언제나 있는 곳이 바로 거기이다.

　우리가 아는 시공 개념을 버릴 때 시간이 공간이 되고 공간이 시간과 중첩된다. 예(여기)가 곧 계(거기)이고 공간이 시간 되는 時空一如의 세계가 바로 하늘나라이다. 이는 결국 4차원, 覺의 세계로서 이 땅 역시 하늘과 대별되는 공간이 아니다. 이곳이 하늘나라인 계가 된다. 하늘나라 없는 예(땅)도 없다. 지구도 별인 것이지 땅만은 아닌 것이지 않겠는가? 지금 여기서 예와 제가 하나 되는 가온찌기가 모든 것이다. 하느님은 계시지 않는 곳이 없다.

6) 몸같ᄉᆞᆫ 『다석일지 2권』(1968. 11. 13.)

몸 같ᄉᆞᆫ

虛靈知覺 몸같ᄉᆞᆫ 하늘 땅과 잘몬 둡지!
할넬누야 우리아ᄇ 虛靈知覺 이시리 음!
븨시다 제ᄃᆡ로 업시 계시미어-아들도!
아멘

　　다석은 인생 목적을 자신 속에 하느님을 모시고 사는 것이라 믿었다. 우리의 속사람, 속알(바탈)을 쭉정이로 만들지 않고 곡식이 되어 세상에 먹이가 되는 것이 바로 그 일이다. 우리 이런 속알, 마음을 虛靈知覺과 같다고 했다. 이 속알이 내 속에 있기에 언제나 지각할 수 있으나 그것이 곧 하느님이기에 항시 허령(빈탕)해야만 한다. 이것이 하느님은 언제나 나를 초월해 있고 동시에 내 속에 있다는 의미이다.

　　이런 하느님이 천지 만물의 화육을 돕고 사람의 속사람을 자라게 한다. 하느님은 無爲而無不爲, 즉 아무 일도 하지 않으면서 모든 것을 다하시는 분이다. 이런 하느님이 '없이 있는 분', 허령하되 지각 가능한 존재이다. 거듭 말하지만, 우리 인간도 오른손 하는 것을 왼손이 모르는 무아가 되어야 옳다. 선한 일이라도 내가 했다는 생각조차 없이 할 때 내가 완성된다. 이것이 솟난 인간이며 하느님처럼 없이 있는 존재의 실상이다.


### 7) 으이아 가온 아으이 『다석일지 공부 5권』(541쪽)


으이아 가온 아으이

가온가온예예예 예옛 가까와 가까오니 가온가온
가온가온예옛날 계갓날 내온날
제온날 가온가온
아바계 바로계계를 가온인가 하노라


이 시는 『다석일지』가 아니라 김흥호의 『다석일지 공부』 5권, 541쪽에서 찾아 옮겼음을 밝힌다. 김흥호의 책에는 위 시가 1968년 1월 16일 쓰인 것으로 되어 있는데 찾지 못했다.

으이아는 천지인 삼재 -, ㅣ, ·를 말하는 것으로 세상(-)을 뚫고 하늘로 올라갈 때 부닥치는 아픔(소리)를 뜻한다. 세상을 너머, 없이 있는 그분 마음에 도달키 위한 인간의 고통이다. 그러나 으이아뿐 아니라 아이으도 있다. 이것은 하느님이 세상에 내려와 세상을 구원하는 영(바탈)의 작용을 나타낸다. 이처럼 오르고 내리며 가고 오는 중에 결국 하늘나라 곧 가온에 이르게 된다.

　가고 또 가고 여기를 떠나 계에 온 날, 이것이 가온이다. 하늘마음에 이르는 것과 계계 가온은 동일하다. 내 속에 도달하는 것과 하느님 속에 이르는 것이 같다는 것이다. 내 안이 속알이요 하느님 안이 빈탕인 까닭이다. 속알이 빈탕이고 빈탕이 속알이다. 속알은 나를 보는 것이고 빈탕은 하느님을 보는 것이다.

　중세 신비가 에크하르트는 '내가 하느님을 보는 눈으로 하느님이 나를 본다'고 했으니 다석도 종종 에크하르트 말로 자신의 심중을 말하곤 했다. 김흥호는 이를 반야공관(般若空觀)이란 불교적 용어로 풀었다.

### 8) 빈탕과 몸 『다석일지』(1969. 12. 11.)

> **빈탕과 몸**
>
> 빈통은 흔듸ᄅ 밝이업시큰 님의 몸이셔
> 잇스믄 "몬", 몬은 빈통 가지고야 슨 거시니
> 몸즉ᄋ 속이업시 즉 속 잇ᄃᆞᆫ 네속임.

　앞서 말했듯이 빈탕, 허공은 하느님 마음이다. 동시에 우리 마음이기도 하다. 무한한 허공인 빈탕, 그보다 더 큰 것은 없다. 모든 것을 있도록 하지만 존재 자체로는 없는 것이다. 있는 것은 '몬', 물질이다. 물질은 허공 없으면 존재할 수 없다. 꽃을 보고 아름답다고 하지만 정작 허공 없이는 꽃이 존재할 수 없다.

우리 마음이 작고 작아지면 그것은 허공이 아니고 물질이 되어 버린다. 빈탕과 같은 마음 되려면 우리 속이 하늘로 뚫려야만 한다(中通外直). 우리의 속이 있다면 그것은 마음이라 할 수 없다. 마음을 거듭 있다, 가졌다 생각한다면 그것은 우리가 우리 자신을 속이고 있다는 방증이다. 살갖(가죽)을 몸이라 하고 속을 마음이라 여기지 말라. 이때 속은 결코 마음이 될 수 없다. 가죽 속에 갇힌 속, 그것은 있음이지 빈탕이 아닌 것이다.

# 4. 하느님

1) 어대나 『다석일지 1권』(1955. 7. 11.)


어대나


어대나 언제나 있을 나애오.
이초브터 '있다 없을 것'을 나라곤 안봐요
안 알아요-
내 몸을 나라곤, 내 입을 나라곤, 안알아요
더구나 입맛을 붙인다는 놈을 나라곤 안 보아요.
아릿 입은 더욱 내 알앙곳을 안히요
없이 계신 힘이 시키신 대로만 사는 나애요
없이 계신 힘만이 우리 아브지시오
아브지가 있이 살라시니, 있에 살고요
아브지가 없이 살라시니, 없에 산다오.

언니는 '있다 없을 것'을 나라로 살고 있다시니,
그럼 '없이 계신 힘'은 아랑곳이 없으시단 말씀이지요?
그럼 아이구- 그럴 수가 있을까?!

하느님이 없이 계신 분이기에 나라는 존재 역시 없이 있다. 없이 있다란 뜻은 불생불멸의 존재란 뜻이다. 있다가 사라지는 것은 내가 아니다. 하느님이 그런 분이 아닌 까닭이다. 입맛, 색맛(아래 입)에 취해 사는 것이 내가 아니다. 없이 계신 분의 뜻에 따라 사는 내가 참 나이다. 어디나 계시는 그분이 시키는 대로만 산다. 그런데 세상 사람(언니)들은 육체를 자기로 알고 있으니 참으로 걱정이다. 그것은 있다가 사라질 것인데 그것을 자기로 알고 산다면 이는 없이 계신 이를 모르는 처사이다. 그런 사람들은 이런 하느님을 알려고도 하지 않으려는 존재인바, 참으로 어처구니없다.

우리도 없이 계신 하느님처럼 없이 있는 마음을 주로 하여 인생을 살아야 한다. 없는 곳 없이 있는, 있는 것의 근거가 되는 허공, 빈탕을 보고 그에 맞게 사는 것이 인간의 할 일이고 영원히 죽지 않는 길이다. 하느님이 '없이 계신' 분이기에 인간도 없이 있으라는 것을 신학 용어로 하느님 형상이라 말해도 좋을 것이다. 허공이 하느님이시니 말이다.

## 2) 옷둑이와 움쑥이 『다석일지 2권』(1957. 2. 27.)

### 옷둑(陽)이와 움쑥(陰)이

옷둑옷둑 내밀 것이 실살쿠고
움쑥 드러간 건 빈탕이ᄅ
빈탕한디란 쓸게 • 쓸데 없지 안소. 꼭꼭 쟁여도 모자랄 판에
이보소 얼빠진 소린 그만둬도 좋잔소

옷뚝(우뚝)은 드러난 세상, 현상이겠고 움쑥은 오히려 그 이면 세계 즉 실재 세계이다. 사람들은 드러난 것만 보고 그것을 실재라 하나 가당치 않다. 움쑥 들어가서 보이지 않는 실재 세계, 그것이 있는 것의 바탈이자 바탕인 허공이다. 허공은 절대로 무가치하지 않다. 허공 없이 현상 없다. 있는 것에 마음 뺏겨 사는 일은 얼빠진 삶이다. 허공이 있어야 모든 것이 존재할 수 있다. 그래서 허공을 사랑이라 말하고 神이라 부를 수 있는 것이다.

여기서 옷둑이와 움쑥이를 신학적 언어로 계시된 하느님과 숨어계신 하느님으로 풀어도 좋겠다. 최근에 나는 이것을 空과 公의 관계로 풀은 바 있다. 허공은 소유, 집착의 대상이 아니다. 모두의 것일 수밖에 없다. 그래서 쌓아 놓을 수도 없다. 물고기에게 물과 같은 존재가 허공이다. 물과 물고기를 어찌 나눠 생각할 수 있겠는가?

## 3) 한웋님 『다석일지 1권』(1957. 8. 3.)

한웋님

그릇 만지려는 사름아 우릴 올려세우시려고 맨드시는
한웋님계 도라 올나갑시다

그릇 만지려는 사람은 잘못, 죄악을 범하고 사는 우리 인간을 총칭한다.
자기 육체를 전부로 알고 돈, 명예 등 세상 것에 집착하는 사람들 모두가 그
릇 만지려는 존재이다. 위에 계신 한웋님은 이런 우리를 위로 이끌고자 애쓰
신다. 이 하느님은 못 쉬는 숨(목숨)만 쉬는 우리에게 안 쉬는 숨(말숨)을 쉬
게 하신다. 말씀과 생각을 거듭 주고 계시는 이유이다.

이런 하느님은 맨드시는 분이다. 맨으로 드시는 분, 아무것도 없는 허공
속에 계시는 분이시다. 육체를 창조하셨으나 맨으로—댓가없이— 영원히
죽지 않는 정신도 만드셨다. 이때 맨은 아무것도 없는 허공이라 풀 수도 있
다. 허공(맨) 속에서 없이 계신 그분과 짝하여 노는 것이 우리 정신활동이자
구원이다. 이것이 한웋님께 돌아가는 귀천이자 귀일의 의미다.

4) 꽃피 『다석일지 1권』(1959. 2. 3.)

꽃피

꽃 곱게 피워 내는 이 짓궂게 진물 내는 이.
피 맑게 담아 갖는 이 사납게 핏 흘리는 이.
두 즘에 얼 자라나게 마련인가?

정통 신학적 언어로 신정론, 즉 하느님의 의로움에 대한 물음에 해당하는 한글 시이다. 세상에는 아름답게 꽃을 피우는 사람이 있는 반면 짓궂은 짓탓에 악취 나는 진물 내며 사는 이도 있다.

세상에는 피를 맑게 간직한 어진 이가 있는 반면 남의 피를 흘리며 제 피를 더럽히는 악마 같은 존재들도 공존한다.

왜 빈탕으로 존재해야 할 세상에 소위 선악(두즘)이 공존하는 것일까? 다석은 이에 대해 명쾌하게 변증하지 않는다. 정신을 깨우고 영혼을 자라게 하기 위한 것쯤으로 모순을 수용한다. 마치 더러운 진흙탕에서 연꽃이 피어나듯 하느님이 선악을 모두 허용하는 것이 아닐까 반문했다. 모든 것이 설명될 수는 없는 노릇이니 말이다. 선악이 뒤섞인 세상에서 사는 것이 인생이다.

5) 빛 『다석일지 1권』(1960. 9. 25.)

빛

몸성흔 예 한비 머니 계 계 븬맘 한웋님 옵
맘ㅁ 엄ㅇ 밥ㅂ 압ㅇ 먹고 자라 목숨 스름
다스람 솟나도라근
빗때 빗터 빛븬빛.

땅은 지금 이곳이다. 몸을 건강케 하는 땅이 만물(한배)의 어머니이다. 반면 저기 허공이신 빈 마음이 하느님 아버지이다.

땅은 몸(맘마)을 자라게 하고 허공이신 아빠는 정신(밥바)을 자라도록 이끈다. 사람의 특징은 세상을 솟나는 데 있다. 먹고 자라는 땅 위에 머물지 않는다.

세상을 초월하여 하느님께 돌아가는 것이 인간의 본질이다. 빗 때는 시간, 빚 터는 공간, 빛 빌은 사람을 뜻한다. 빗은 머리 빗, 때는 먼지 때, 빚은 부채, 터는 땅, 빛은 빛, 빌은 드러남을 말한다. 시간의 노예, 땅에 빚진 인생이 빛을 깨치면 빈 마음 곧 빙 마음이 생겨난다는 것이다. 이 빙 마음이 허공이신 하느님 마음인바, 하느님께 돌아가는 일이다. 여기서도 한글의 생명력, ㅅ, ㅈ, ㅊ을 통해 ㅎ(허공)에 이르도록 하는 하늘 글자의 특징을 볼 수 있다.

## 6) 길고길 뒤을 받내는 엄마! 『다석일지 2권』(1962. 11. 22.)


길고길 뒤을 받내는 엄마!

잠 : 푹자고, 깸 : 꽉 · 깨른? 조름 졸림 : 흐릿터믄!-
낮인 히ㅅ살 빛깔 춤춰 ; 날린 몬지 바람 꽃에!
봄본다! 꽃곱다!-지들!! 진물 바진 뉘안나?


깊은 잠 자고 난 후 크게 깨달으면 우리를 옥죄었던 허망한 꿈들은 사라
질 것이다. 하지만 계속 졸려서 의식이 희미하게 되면 어떡할까?

낮의 햇살로 드러난 무수한 색(갈)들이 우리 마음을 심란케 하고 그 바람
에 주목 끄는 꽃들로 인해 인생 타락이 시작된다. 사람들이 꽃 곱다며 봄을
즐기는 것은 망령된 소치이다. 이렇게 빛에 놀아나 인생의 진물을 빠지게 하
는 삶을 받아 줄 이가 있을까?

인생 7~80을 산다고 할 때 그 긴 세월 동안 더러운 진물을 닦고 받아줄 분
은 하느님이다. 번뇌에 시달려 온 길고 긴 인생을 구원할 자 하느님일 것이
다. 여기서 다석은 하느님을 '엄마'라 불렀다. 보통은 아버지라 일컫고 부자
유친의 길을 강조했었지만, 모든 것에 자리를 주고 근거가 되었던 허공의 하
느님의 다른 일면이라 봐도 좋을 것이다.

허공이 지닌 사랑의 인격적 측면이라 말할 수 있을까? 허공이신 하느님

품은 아기가 배출한 더러운 것(뒤)을 받아낼 만큼 이렇듯 넓다. 노자『도덕경』에서 말하는 곡신과도 무관치 않을 것이다.

### 7) 먼저알믄 『다석일지 2권』(1965. 7. 6.)

---

먼저알믄

"흔" 〈없〉―다는「딘」놓인 것이 : "모든" 〈있〉다는「몬」「몬」

「예」있거니?「제」있거니?― 서로 : 없임―

〈까지꺼!?〉―「림」

한웋님 : 없이 • 계심을 ―먼저알믄―

흠늬드.

---

무한한 허공 속에 놓여 있는 것이 만물이다. 해, 별, 달 그리고 지구도 모두 허공 속에 자리 얻어 존재한다. 이런 만물 중에서 유독 사람만이 여기 있다, 저기 있다, 내 것이다, 제 것이다 하며 다투며 산다. 손에 고기를 든 형상이 있을 '유(有)'라 하니 모두가 이 말에 집착한 탓이다.

'있음'을 위해 없음을 잊고 갈라져 싸우며 무시하고 천대하는 인간 세상, 그럴수록 하느님이 '없이 있다'는 사실을 알려야 할 것이다. 허공처럼, 빈탕처럼 없으나 있는 하느님, 그런 하느님을 먼저 알면 싸움과 갈등, 나아가 생태 파괴도 줄어들 수 있다. 하느님은 만유보다 크다. 만유보다 큰 것이 바로 허공이다.

8) ᴑᄇ ᴑᄇ지 ᄂ놀 ᄒᆞᄋᆞᆯ님 『다석일지 2권』(1967. 3. 3.)

ᴑᄇ ᴑᄇ지 ᄂ놀 ᄒᆞᄋᆞᆯ님

섣블리 갖고있단 : 업시만 뵈단 : 업서젔단 :
춤업시 계셔 모든 것의 가진꼴 :
받아주샤,
아모턴 ᄒᆞᄂ되시어 우리 ᴑᄇ 되시옵


하느님은 나를 낳아 주신(ᄂ놀) 분인데 없이 계신다 하여 섣불리 없는 존재로 여길 수도 있다. 하지만 참으로 없이 있는 하느님은 모든 것을 품고 그 형태를 존속시키고 받아주시는 분이시다. 허공 없이 어찌 만물이 있겠는가? 이런 면에서 하느님은 노자가 말하듯 어머니 같은 존재이기도 하다. 이것이 부자유친 영성의 진면목이다.

하느님을 없다고 섣불리 말하지 말고 우리 자신도 빈탕이 되고 무아(대아)로 살면 없이 있는 아버지를 옳게 만날 수 있다. 내가 사랑(대아)의 삶을 살면 그때 하느님이 내게 아버지 된 것을 또렷하게 알 수 있다.

### 9) 촘흔몸 『다석일지 2권』(624쪽)

촘흔몸

뷘탕흔딜 춫지흔「잇」: 몬이란 몬
줄믄은「숨」!
고요히 모든 몬을 다드린 뷘통야 춤흔「옮」!
그리운 춤흔옮 : 따름 : 모도모들
헌칠히!

수십 수의 한글 시가 연이어 있어 날짜를 가늠하기가 어려워 쪽수로 표기하였다.

빈탕한 허공에 자리를 얻은 모든 물질은 일종의 도드라짐, 양인 셈이다. 별, 나무, 돌 모두가 나타난 것이니 수컷이라 말할 수 있다. 하지만 허공은 고요하게 모든 것을 포섭, 포용하기에 음이요 여성적이다. 이러한 고요하고 진실된 여성적인 것, 빈탕 허공을 따라 살면 결국 모든 것이 밝고 진실되게 드러나게 된다.

이런 빈탕이 참이요 하나요 앎(춤 흔 옳)인 것이다. 노자는 이런 빈탕을 곡신이라 말했고 우주를 암소라 불렀다. 이런 우주를 일컬어 사랑이라고 말해도 좋다.

다석은 이어진 성서 말씀, 요한복음 첫 장을 이와 연결 지어 다음처럼 풀어냈다. "맨첨에 말숨이 잇스니 말숨이 한웋님과 같이 계시매 말숨은 곧 한웋님이시라. 말숨으로 잘몬이 지어지니라…." 여기서 말숨은 요한복음서의 로고스를 풀은 것인데 말숨은 결국 빈탕한데의 주인인 하느님을 뜻한다.

# 5. 우주론

1) 아는 체와 모르는 척, 수수꺽기와 모름지기 『다석일지 1권』(1955. 12. 28.)

이번부터 몇 차례에 걸쳐 다석의 '우주관' 을 엿볼 수 있는 한글 시를 찾아 풀어 소개한다. 허공과 우주를 구별할 것인바, 앞의 주제는 의당 신론과 연계된다.


아는 체와 모르는 척, 수수꺽기와 모름지기

한우님이 사람에게
사람이 한우님에게
잘몬이 나에게
내가 잘몬에게

가지 가지 모든 수가 거기거기

잇슴지기, 찾는, 수수꺽기.
모르지 모르므로 모를수록 모름
지기 꼭 직힐거는 모름지기

　모르고도 아는체하는 것은 소인이고 알면서 모른척하는 이가 큰 사람이
다. 하느님은 자신이 지은 모든 것을 알면서 모른척한다. '天不言', 모든 것을
알지만 하늘은 말하지 않는다. 그러나 사람은 아무것도 모르면서 한우님을
안다 하고 만물에 대해 아는 척 많이 말한다. 정작 만물(잘몬)은 사람을 잘
알면서 모른척하고 있는데 말이다.

　우주만물은 따라서 旣成佛, 이미 된 부처이고 나란 존재는 아직 깨닫지 못
한 未成佛이다. 하여 알려고 애쓰되 모른다고 하는 것이 좋다. 수수꺽기란 가
지가지 수가 거기 있음직 싶어 그 수를 찾아보려는 것인데 아는 수보다 모르
는 것이 더 많아서 수수께끼이다. 알수록 모르고 모르기에 더 알고자 애써야
한다.

　하여 '모름'을 꼭 지키는 것(모름지기)이 중요하다. 우주는 물론 한우님에
대해서도 말이다. 미성불인 내가 기성불인 이들을 어찌 알 수 있을까? 알수
록 모름을 지키는 일이 중요하다. 이것이 인간이 꼭 지키는 도리이자 원칙이
다. 우주 자연을 다 알았다고 아는 척하는 것은 삼가야 옳다. 여기서 나는 동
학의 '不然其然'을 생각해 본다. 하지만 분명한 것이 있다. 不一萬無, 즉 하나
(하느님, 빈탕)와 무관한 만물(우주)은 없다는 사실 말이다.

2) 나간 갈 여기서 『다석일지 1권』(1959. 4. 16.)


나간 갈 여기서


한늘(宇宙)이라ㄴ 조희 뭉치!

헤치느니, 얇은 꺼플

꺼플마다,

겨린, 거림-긋, 금, 글, 뜻, 므름, 브름, 프름

맛, 맞, 맞이려는,

아 조작은 있나 있어. 나스다.

있나의 작은 얼골도 조고만, 참 조고만 조희 긋!

많은 남-다 같은 있나들-이

이 조희 긋의 보이는 뜻을 알랴고, 보고 또 본두.

읽으러, 읽을라다, 못 읽고들- 뜻 못 풂 채 도라가며,

무슨 맛이나 본가 ᄒᆞ는지?-이 참으로 웃은 일이웁.

보다가-볼라다- 볼꼴 없는 얼골이여!!

알기 어려운 글-때로는 월조차 가춘- 작은 조희 긋!!

저절로 나타난 온, 한 빛갈 몬 꼴이란, 한조각 한조각- 있나의

눈굶으로 보라고 드리미는 조희 글월이여!!

누가 조희 글시를 뚫고 드러가서 한, 없나

ㅎ계 뵈올 뜻을 먹은 몸으로 삸가?

기 억ᄃᆡ 갔나? 갖나? 간나? 나간갇 여기서.

한글 시 제목 '나간갇'은 내가 세상 여기서 떠나간 것 같다의 줄임말이다. 이는 한자로 여기서(如旣逝)인데 세상에서 살지만 세상을 떠난 사람처럼 살고 있다는 뜻을 가졌다. 우주는 여기서 종이 뭉치, 하늘의 편지라 일컬어진다. 우주뿐 아니라 인간 또한 마음 비석(心碑)에 쓰인 그의 편지이다. 우주를 펼치면 그 속에 무궁한 원리가 담겨있다. 저마다 얇은 꺼풀로 닫혀져 모를 뿐 열어 젖히면 긋(點), 금(線), 글(文), 뜻(意), 물음(問題), 부름(論文), 풀음(解釋), 맛(意味), 맞(相對), 맞이(終結) 등이 나타난다. 이처럼 우주 전체가 하나의 문장이요 편지이다. 그 우주 속에 아주 작은 내가 있다. 현존재로서의 나다. 나의 그 작은 얼굴(얼골)도 우주처럼 뜻을 지녔다. 성서나 불경만이 신의 계시가 아니다.

수많은 사람들 역시 자기 속에 쓰인 편지를 읽고자 하나 미처 읽어 깨닫지 못한 채 죽고 만다. 세상 와서 무슨 재미를 얻고자 애쓰며 살지만 웃기는 일이다. 재미를 보고 또 보다가 어느새 볼꼴 없는 비루한 얼굴이 되어 버리지 않았는가? 편지 속 담긴 뜻도 풀지 못한 채로 말이다. 인간도 우주만큼이나 참으로 풀기 어려운 글이다. 우주 자연의 色과 形을 두루 살펴 알라고 하늘이 정신(얼)을 주셨다. 그렇기에 사람(기)은 대자연, 우주를 뚫고 들어가 그 속에서 하늘 뜻을 찾아야 할 존재이다. 그것이 우리가 하느님의 편지인 이유이다. 세상 속에 살지만 동시에 세상을 떠나 살 수 있는 가능성을 지닌 것이다. 살(肉)을 벗고 얼(靈)로 살라 하는 준엄한 명령이다. 그래서 죽음도 무섭지 않다.

### 3) 븸! 뚤림! 『다석일지 1권』(1960. 6. 1.)

븸! 뚤림!

뚜렷ㅎ다! 뚜린데서 맺힌 것이 몬인지라
몬속에도 몸 뚤리니 줄곧 뚤찬 힘이있다
맺 않음 못풀ㅎ 게없다 아픔 쓰림 또없다

허공은 븸 뚤림, 즉 막힘없이 뚤려 있다. 이렇듯 뚤린 허공에 맺히고 달려 있는 것이 물질(몬)이자 우주이다. 이 우주 물질은 사람 마음과도 소통한다. 뚤린 우주와 지속적으로 관계, 소통하는 것이 우주가 원하는 바이자 우주의 힘이라 하겠다. 우주는 결코 맺힌 곳이 없다. 다 뚤려 있기에 풀지 못할 것도 없다.

살면서 아프고 쓰리고 한 맺힌 일도 누차 경험하겠지만 못 풀 한(恨)은 없다. 사랑으로 풀면 모든 것이 뚤린다. 우주의 마음이 사랑이기 때문이다. 물질과 사람을 소통시키는 근본 힘을 사랑이라 했다. 이들 모두가 허공 속에 있으니 말이다. 한마디로 허공이 사랑이란 뜻이다. 온통 뚫려 있는 허공 덕에, 물질에게 자리를 허락한 허공 탓에 모든 것이 풀릴 것이란 확신을 전하는 한글 시이다. 허공 속에 자리 잡은 우주를 보며 사람 마음도 허공을 닮았다는 메시지를 전한다. 허공이 사랑이다!!! 다석은 인격과 비인격을 아울러 사랑을 말하고 있다.


### 4) 뜻 『다석일지 1권』(1961. 5. 21.)

> 뜻
>
> 뜻•떠•움직여 소리 나며, 도라가노란-말씀.
> 하늘이고 따고 사름•짐승•새며, 물과 바람,
> 뭣이고 뭣이가 없이 한숨 뽑는 한뜻숨!

위 한글 시 뜻이 어렵지 않다. 세상, 우주 만물은 단순히 물질(몬)이 아니고 하나의 '뜻'이 떠서 움직이고 소리 내며 돌아가는 터(공간)라는 것이다. 다석은 이런 뜻이 담긴 자연, 우주를 말씀이라 불렀다. 한국 역사 속에 '뜻'이 있다는 함석헌의 역사철학 지평을 훌쩍 넘어서 있다. 역사 지평을 넘어 하늘과 땅, 사람, 새, 불, 물, 바람, 이 모든 것들을 다석은 '말씀'이라 생각했다. 왜 냐면 이 모든 것 속에 하늘의 호흡, 즉 한 뜻을 담고 있기 때문이다. 이들 또한 한 뜻을 구현해야 할 주체라 본 것이다. 그렇기에 다석은 한 뜻을 떠나서는 어떤 것도 존재할 수 없다고 했다. 『중용』에서 말하는 不誠無物, 성(誠)이 없으면 세상에 어떤 것도 존재할 수 없다는 말과 맥락이 같다. 一切唯心造라는 불교 개념도 떠올릴 수 있겠다.

지금껏 인간중심주의를 표방한 기존 종교 틀로는 납득하기 어려운 한글 시이다. 그를 버리면 쉽게 이 글과 소통할 수 있다. 하늘은 인간과는 인격의 방식으로, 새와 물고기와는 각기 그들의 방식으로 관계한다고 생각할 수 있지 않겠는가? 단지 인간인 우리는 그 소통방식을 모를 뿐이다. 최근 논의되는 신유물론을 떠올려도 좋겠다.

5) 별 『다석일지 1권』(1961. 7. 21.)


**별**


한늘 빙위**놉**건 잘몬 드러내 빛내 보이람!
땅두터움은 꺽닭여 먹은 내새 묻어 가림!
않밖을 가리란 옳음 사람에게 달린 올!


온 하늘이 온통 비워진 것은 수억의 별들이 자신의 빛을 드러낼 때 잘 보이도록 하기 위함이다. 땅이 아주 두텁게 쌓인 것은 욕심껏 끌어당겨 먹은 음식 찌꺼기의 썩은 것을 파묻어 보이지 않게 할 목적에서다. 물론 그들이 썩어 땅을 더욱 두텁게 하겠지만, 안팎을 가려 생각하고 행동하는 일은 아주 특별한 일로서 이를 정의라 일컫는데 사람이 감당할 준엄한 이치이다. 하늘이 비었고 땅이 두터워야 하듯이 인간은 옳고 그름을 분명하게 사유하며 살아야 한다. 그에 따라 사람은 하늘로 올라 빛을 내는 별이 될 수도, 땅에 묻혀 흙이 될 수도 있다. 얼(영)로 오르면 별(하늘)이고 육으로 묻히면 흙(땅)이 된다. 결국 별과 흙과 사람은 서로 뚫려 있는 존재들로서 天地人, 삼재의 관계로 엮어졌다. 마지막 줄의 '올'은 이치(理)이자 말씀이다.


7) 한웋 『다석일지 1권』(1960. 5. 3.)


한웋

우에 구름과 아레 내ㅎ물과 속에 피가 한길
어듸??ㄱ? 어듸??가 바꿔 무를게 없듯! 한길.
생각도 이저생각이 따로 없듯 한ᄀ계!


하늘, 땅, 사람, 천지인 삼재가 하나인 것을 알았다. 하늘 구름, 땅의 물

그리고 사람 피가 하나로 통한다. 결코 하늘 따로, 땅 따로, 사람 따로일 수가 없다. 이 셋은 오로지 한길, 다른 생각일랑 할 수도 없다. 이것이 모든 생각을 초월한 으뜸의 생각이다. 이 셋은 빈탕(허공), 곧 없이 계신 하느님 안에서 하나이다. 이 셋은 신(하느님)으로 통한다. 모두 하느님께도 가는 한 뜻을 지녔으니 말이다.

8) 몬은 깨끗도 더럽도 않은데 『다석일지 1권』(1960. 7. 27.)


몬은 깨끗도 더럽도 않은데


하늘 따 뭇몬이 다 내손 대여 읽을 글월엔
깨끗 더럽단 글시!- 몬엔 깨끗 더럽 없는데-,
속에서 나온 것으로 더럽힐라! 이 누릴!

―막七.20―


하늘 땅 사이의 일체 물질(우주)은 불구부정(不垢不淨)이다. 깨끗하거나 더럽지도 않다. 이 모든 것은 함께 얽혀 있으나 동시에 인간과 마주한 것으로서 이해해야 될 문장(글월)일 뿐이다. 사람 마음과 소통할 또 다른 주체라 하겠다. 깨끗 더러움은 오로지 사람의 마음에서 나온다. 더러운 것이 사람으로부터 나와 세상을 더럽히고 있으니 걱정이다. 온통 우주를 있는 그대로 이(독)해하는 것을 성리학에서는 격물치지(格物致知)라 했다. 다석의 말로는 진물성(盡物性)이다. 탐심을 버리면 저절로 정토가 된다. 사람이 깨끗해져야 세상도 깨끗할 수 있다는 뜻이다. 유학의 성의정심(誠意正心), 동학의 수기정심(守氣正心)이 필요한 이유이다.

# 6. 사람

1) 졔계 ㄹ 나그네 『다석일지 1권』(1958. 10. 11)


졔계 ㄹ 나그네

히 난 낮에 낱운 낯들 맞보다 히진 몬 몸에,
땅위 열린 바랄바 밤에 잠자 자란 뮘 윌이
얼골쪽 손 봐 못 봤건 한얼 울 ㄹ 나그네


졔계, 즉 하느님께 가는 나그네가 우리 인생, 사람의 삶이다.

그런데 해가 중천에 떠오른 대낮에 보이는 얼굴들은 모두 거짓, 가짜이다. 서로들 잘 보이려고 치장하고 꾸몄고 덧붙였기 때문이다. 일체 분별과 판단이 이 빛 때문에 호불호의 감각이 생겨나 고통스럽다. 해가 진 후 드러난 이들 몸은 지치고 허약한 모습일 뿐이다.

빛이 사라진 밤이 되어야 대우주가 나타난다. 인간 정신(월)은 땅 위로 열린 어둠, 대우주를 보며 비로소 생각하고 마음을 키울 수 있다. 빛 속에 드러나는 얼굴, 체면치레하는 것에 마음 빼앗기지 말고, 설령 그래서 몸나의 얼굴(월골 쪽)이 손해를 볼 수 있다고 해도 괘념치 말아라. 인간은 본래 하느님 영을 타고 하늘나라를 우러르며 그를 향해 가는 나그네인 것이다. 이것이 인생이고 인간의 길이다. 낮보다는 밤, 이 밤기운을 맞고 자란 정신이 하늘나라로 오를 수 있다.

### 2) ㄱ늘웋 『다석일지 1권』(1958. 11. 14.)

ㄱ늘웋

몸에 ㄹ이 늑 맘에 ㄹ이 ㄴ ㄱ올 스람,

있 없 ㄹ 없있 됨 있없 제게,

나가만 하나 둘 셈은 늘 웋인가.

한글 시 제목 'ㄱ늘웋'은 그는 늘 위에 계신다(웋)는 뜻이다.

하느님은 늘 우리 위에 계시면서 우리를 다스린다. 그렇기에 가온찍(ㄱ)으면 하면 몸의 중심이 항시 느긋(늑), 넉넉하다. 여기서 늑의 ㄴ은 땅(地)을 말하고 아래 ㄱ은 하늘(天)을 뜻한다. 땅이 하늘 위에 있는 글자가 바로 늑이다.

이렇듯 한글 '늑'자를 갖고서 다석은 천지비괘(天地否卦)를 뒤집어 지천태괘(地天泰卦)를 나타냈다. 이는 인간의 몸이 마음 위에 있는 형상이기도 하다. 몸이 땅으로부터 하늘로 올라가서 하늘과 같이 된 몸을 말한다. 그러니 이 몸은 편하고 느긋할 수밖에 없다. 이렇듯 하느님께 마음을 맡겨둔 존재가 본래 인간이다. 이런 사람은 있없 가온, 즉 유무상통하여 제 것이란 없는 존재가 된다. 없있 맘, 즉 우리 마음이 없이 있는 하느님을 빼닮았기 때문이다. 이것이 아담, 신의 형상대로 지어진 인간의 본모습이다. 있다 없어질 나는 하느님에게 드려질 제물일 뿐이다. 이런 생각 하며 사는 것이 우리 위에 계신 하느님을 믿는 사람의 일이다.

3) 사람? 『다석일지 1권』(1959. 2. 15.)

사람?

굼벙아,
싫고 좋고 살이 닿야 꿈틀 너냐?

나뷔야,
김에 실어 보낸 내새 • 소리를 맞고 가깐 줄을 아느나!

눈아,

네가 보아 알도록은,

신통히 **빠른** 빛브림(光使)으로 ㅎ야곰,

너를 알리고 알리노니

먼몬(遠物)을 못보면 가깜보기(近視) 라고 눈으론 멂이라


참 멀고 먼거ㄹ, 다 길게 기리 기리,

말과 저ㄴ 몸이니이다.


내 사랑은 몸!

-굼벙이가 아님-


사람은 무엇일까? 위 한글 시처럼 사람이란 말을 제목으로 내건 한글 시가 아주 드물다. 그만큼 이 시를 통해 사람, 인간에 대해 묻고 알고 말하고 싶은 것이 있었을 것이다. 첫 줄부터 예사롭지 않다. 사람은 기는 굼벵이와 같이 서로 살이 닿아야, 남녀로 만나서야 싫다 좋다 말하는 존재인가? 그런 존재가 너, 사람인가를 묻고 있다. 오히려 사람은 나비와 같지 않은가? 대기 중에 널린 냄새를 맡고 소리를 찾아 멀고 가까움을 판단하는 존재가 아닌가를 말이다.

눈은 빛을 통해 사물을 보는 것인바, 먼 물건을 보지 못하면 근시라 한다.

빛을 사용하고서도 먼 곳을 보지 못하면 눈먼 사람일 수밖에 없다. 영원한 것, 무궁한 것, 아득한 것은 마음을 통해서만 알게 된다. 나의 온 마음을 통해서 말이다. 그렇기에 나는 마음을 사랑한다. 그 마음속에 먼 것, 무한한 것을 보고 알 수 있는 일체가 들어있기 때문이다.

사람은 살을 맞대며 살아가고 기까운 것만 보는 굼벵이가 아니다. 굼벵이(애벌레)가 아닌 것은 매미란 말일 것이다. 9년 동안 땅속에 있다가 두 주일 동안 천지를 진동시키며 우는 매미, 매미는 굼벵이보다 짧게 살지만 인간은 그처럼 하늘 땅 울리는 말씀으로 살아야 할 존재이다.

위 한글 시에는 없으나 여기서 다석은 누에의 철학을 말했다. 뽕나무 잎을 먹지만 제 몸에서 비단실을 내는 누에 이야기를 말이다. 여기서 비단실은 '제소리'를 일컫는다. 평생 살면서 남의 소리만 흉내 말고 자기 소리를 내라고 했다. 그것이 하늘 땅 울리는 말씀이다.


4) 갈딕업! 꼴덴: 뎨계디 『다석일지 3권』(1971. 1. 11.)


갈딕업! 꼴덴 : 뎨계디


우리는 우이 위 웋 우히 위히로 올ᄅ 올홈,
우리 이젠ᄂ ᄂ진나ㅣ니 우리웋에 님 니웁

계 계신 꼐계로 이제ㄹ 받혀 고이고 고임믄,
우리 삶 ㅊㅈ스ㄹ와 촘침임 ㅁ침ㄴ 뵈리
예예는 너나ㄷ 우리 ㅇㅂ모심 그림뿐

사람 갈 곳이 어디인가? 갈 곳이란 자기 자신, 즉 하느님의 얼나라이다. 이것이 위 한글 시의 제목이다. 과학의 힘을 빌어 밖으로 해외로 우주로 가고자 하나 정말 갈 곳은 꼐계뿐이다. 우리는 위로, 위로 더 높은 위(얼나라)로 올라가야 한다. 이곳 낮은 땅은 늘 상 내가 패배하는 곳이다. 내가 나에게 진 아픔의 공간이다. 그렇기에 우리는 이런 나를 도와 이기게 하는 임을 머리 위에 이고 위로 올라야 마땅하다. 머리 위에 임(한웋)은 이김과 뜻이 같다.

그곳에 계신 하늘 존재에게 자신을 바쳐 우리가 하늘의 것이 되어야 한다. 더 높이 오르면 하늘의 이쁨(고임)을 받고 우리 속을 불살라―사람은 속 알을 불사른다고 사람이다― 하늘(허공)과 하나 될 수 있다. 이렇듯 여기 세상(예예)에서 임을 그리워하며 낮은 나를 이기려고 지속적으로 올라가는 것이 '생각'이다. 인간이 생각하는 존재란 것이 이 뜻이다. 하늘 임으로부터 와서 그곳으로 돌아가는 것이 나이고 사람이다. 이것이 바로 자신에게 이르는 길이다.

인간은 정신이고 마음이며 영이다. 이를 자각하는 것이 깨달음인데 결국 인간은 형이상의 존재란 말이다. 해서 다석은 '念在神在', 생각이 있는 곳에 하느님이 있다고 말하였다.

## 5) 몸먹기 『다석일지 2권』(1962. 8. 18.)

### 몸먹기

몱히는 몬 맑히는 맘 붉히는 낯
밝히는 얼
팔리는 폼 풀리는 뜻 몱 붉 씋에 :
몸먹 • 떨리
떨대로 떨손 친대도 너ㄹ바로만 : 먹고저!


위 한글 시는 ㅁ ㅂ ㅍ의 자음 변화의 묘미를 힘껏 살려 썼다. 므름 브름 프름, 묻고 불려 풀어내는 인생의 과제, 즉 인간을 위로 이끄는 한글의 속뜻을 염두에 둔 것이다.

몬, 물질은 거듭 모아지고 뭉쳐지며 마음은 자꾸 비워 맑아지게 하고 우리 얼굴(낯)은 부끄러움을 알아 붉어져야 하며 정신(얼)은 깨어 밝아지고 사람의 격(인품)은 팔리는 일이 없어야 한다. 그때 우리 뜻은 술술 풀어질 수 있다. 사람 마음이 맑아지면 밝게 풀어지게 마련이다. 므름·브름·프름(ㅁ ㅂ ㅍ)이다. 허나 아무리 마음줄 단단히 쥐고 떨리는 대로 떨더라도 얼음 위 걷듯이 조심해야 한다. 언제든 마음을 바로 먹을 수 있도록 노력(正心)하는 것이 인간의 할 일이다.

## 6) 무제 『다석일지 1권』(1955. 11. 27.)

> 무제
>
> 먹고 '자란'은 거와 (목숨 자라라고 먹는 일임과)
> 집되거든 남을 알면 (계집 산애 마지면 새로 사람 남을)
> 걸 챔이나 미움이나 어리석음에나 걸려(서) 거짓말을 쓸가보냐

위 시에 제목이 없다. 같은 날 앞서 쓴 시에 이 시를 덧붙인 까닭이다. 이날은 한문시로 시작했는데 '高麗'란 제목을 지녔다.

먹고 자라는 것은 오로지 목숨을 위한 것이다. 먹고 자야 목숨이 지속된다. 어린 아기는 자는 동안에도 무럭무럭 큰다. 지식을 얻어야 생각이 자라고 우리 정신이 커지는 것도 같은 이치이다. 목숨처럼 우리 말숨도 거듭 자라야 옳다.

계집과 사내가 만나면 새로운 생명이 탄생한다. 성숙한 여인이 되어 어린아이를 낳는 것이 인생의 틀거지이다. 첫 연에서 말한 食과 더불어 여기서 말하는 생산(종족 본능) 곧 色은 인간이 존재할 수 있는 근본 틀인 것이 분명하다. 먹고 자라고 집을 만들어 낳는 일은 인간 / 짐승 공통의 일이다.

하지만 '집' 되는 일은 정신세계에도 있다. 음악가는 소리(音)의 집을 짓고 사상가는 글의 집을 짓는 존재이며 종교인은 뜻(意)의 집을 짓는 사람이

다. 누구든지 이런 삶을 사는 사람들은 계집(여인)들이다. 계집은 이제 낳는 일을 해야 한다. 생산 없는 집은 있을 수 없다. 하지만 주변에는 낳는 일 없이 계집을 만나는 일이 다반사가 되었다. 여기서 바로 결 챔(貪)이 나오고 미움(嗔)이 생기며 어리석음(癡)이 생겨난다. 거짓말 역시 여기서 비롯한다. 이 모두는 인간이 본성을 잃은 결과이다. 실성(失性)한 모습이다. '탐진치', 이 것이 바로 자신의 본성을 잃은 사람의 죄악이다. 죄는 실성의 산물이다. 육체적으로 생산하여 집 지은 사람들은 이제 정신적 집을 짓고자 애써야 한다. 건강한 육체와 함께 건강한 정신이 더불어 필요한 것이다.


7) 와! 『다석일지 3권』(1971. 3. 15.)


와!


한웋이 닐느신 숨물 품기니 늬속을 븐홀


츰 : 을 : 풀녀 : 속알 핀마음 늬본 김에
숨도물도!


돌리어 우름 울니어 글월 고루 빚월 : 워!!

와! 위!! 돌리ㅈ고
기리우리 우이리

天命之 稟之 在我日性이요
眞理解之 發吾心 日氣라

뜯븐훌 김

왜 사람일까? 하늘로 받은 性 때문이다. 이를 일컬어 받할(바탈)이라 한다. 이를 통해 우리는 말숨을 쉰다. 생명의 말씀인 숨말을 이해할 수 있는 존재란 뜻이다. 하늘의 말씀을 풀어 체득할 수 있는 힘을 지닌 존재가 사람이다.

말숨을 쉬면 하늘 말씀이 실올이 풀리듯 풀려 해독된다. 머리로만 이해되는 것이 아니라 속알이 터져나와 마음도 아름답게 된다. 그런 마음으로 쓰인 글들은 접하는 이들의 정신을 기운차게 만들 수 있다. 이 저 사람들에게 전해져 각자 마음속에 공명(우름울림)을 일으켜 하늘 영광(빛월)을 드러낸다.

여기서 와와 위는 가고 멈추라는 뜻이다. 와는 시작이고 위—소몰이할 때 쓰는 언어—는 멈춤, 끝을 말한다. 기리우리는 소를 오가게 하는 반복적 행위를 뜻한다. 「십우도」에서 말하듯 소는 사람의 본성(바탈)을 상징한다.

하늘 주신 자기 본성을 찾아 키워 환한 빛이 되기까지 거듭 노력하라는 것이다.

결국 하느님 성령(말씀)을 받는 것이 반할(바탈)이고 그 말씀을 풀어 마음을 힘있게 하는 것이 생명이다. 여기서 知는 行이 되고 하늘 뜻이 힘이 된다. 뜻받할 김, 하느님 뜻을 받아 깨쳐 이해하고 자기 것 만들어야 힘이 있다. 이것이 가온이다.

8) 고맙 『다석일지 3권』(1972. 11. 5.)

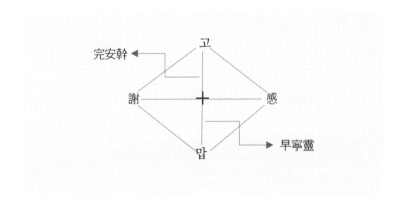

고맙은 고만, 그만의 뜻이다. 내 속이 가득 찼으니 더는 호의이든 사랑이든 받을 수 없다는 것이다. 感謝는 마음을 다하여서 거절, 사절하는 것이니 위 두 말뜻이 같다. 허나 일상에서 소통되는 이들 언어가 본 의미에서 많이 멀어졌다.

완(完)은 완전, 충만이고 안(安)은 평안이며 간(幹)은 줄기, 그루터기를 말하는데 이 셋은 더불어 힘써 일하는 것을 강조한다. 나무줄기가 충만하고 안정되려면 지속성이 뒷받침되어야만 한다. 이렇게 일하는 것이 감사의 표현이다. 일 않고 감사할 수 없고 고맙다 말하지 못할 것이다. 조(투)는 일찍, 일하는 사람의 근본 태도이자 자세를 말한다. 녕(寧)은 평안인데 일하고 쉴 때 그런 상태가 된다. 영(靈)은 일하는 주인을 일컫는데 하느님이 내 속에서 일한다는 것이다. 그가 내 안에 계셔서 일하시니 내가 설 수 있고, 살 수 있고, 일할 수 있다. 하느님 영이 내 속에 충만한 까닭이다.

그래서 우리는 고맙다고 말하는 것이다. 아침에 일찍 일어나고 저녁에는 편히 쉰다. 낮에는 열심히 일하며 내 속의 영과 동행한다. 항상 기쁠 때 감사, 그 말이 진실할 것이다. 이것이 세상에 보내진 인간 삶의 근간이다.


9) 띠니낄(딜닐낄) 『다석일지 3권』(1972. 11. 12.)


띠니낄(딜닐낄)


밀리어 밀려 여듯. 너희는 열려와 열미 : 속!
믿띠어 믿더 솟듯. 우리는 : 솟ㄴㄱ춤슬 : 띠!
띠워ㄹ 띠워 버릴 띠 데ㄱ온 띠!

제목 '띠니길'은 하늘을 올려 띄워 머리에 이고 길을 간다는 뜻이다. 우리 인간은 하느님을 머리에 이고 계속 올라가야 할 존재인데 오르지 못하고 오히려 밀리고 밀려서 이 땅에 닿아있다. 만물처럼 그렇게 사람은 땅속에 묻힌 씨앗과 같은 존재가 된 것이다. 그러나 이들 씨앗은 필히 열매를 맺어야 한다. 열매를 맺는 것이 씨앗의 본분이다.

밑이 트여(뿌리내려) 싹이 트고 위로 오르는 나무가 되어야 옳다. 위로 솟날 때만 살 수 있다. 땅에 떨어지는 띠가 되지 말고 하늘 오르는 연이 되어야 한다. 자신을 옥죄이는 띠(속박)을 풀어 헤쳐 위로 떠올라야 한다. 이를 위해 세상에 밑지고 살 수밖에 없다. 땅은 우리가 머물 곳이 아니다. 아래로 떨어졌으나 다시 오르는 것이 우리 갈 길이다. 가온찍기, 곧 죽음이 그것의 절정이다. 그러고 보니 제목 '띠니길'은 떠나갈 길이라 풀어도 좋겠다.

10) 스르롬-스롬-『다석일지 3권』(1973. 9. 15.)

스르롬-스롬-

ㅣ를 엇디ᄒᄂ? 예 온 ᄂ로 ᄂㅣ 먹ㅣ길에
이러이러 닐르시니 우리ᄇᄃ 쓰는 몰숨
말숨야! 몰이고 숨이 이어 이예 숨이름

정신의 불, 생각의 불꽃, 말씀의 뜻을 사르며 사는 것이 사람의 본분이자 할 일이다. 그런데 세상에 나와 세상 연수만 높아지고 있으니 어찌할까? 하지만 하느님께서 이러저러한 방식으로, 마치 태양 빛, 하늘 비처럼, 계속 가르치고 일러주시기에 우리는 그것을 받아 말숨을 쉬고 살고 있다. 말숨은 말과 숨이 합쳐진 것으로 말은 솟나는 것이고 숨은 숨이라는 뜻이다. 세상에서 벗어나야 솟날 수 있기에. 결국 불사르는 일은 떠나는 것이자 숨는 일이다. 한번 깨어져서 끝을 보란 말이다. 이어져 내려온 삶이지만 다시 근본으로 돌아가는 것을 이 땅에 온 목적이라 하겠다.

# 7. 인생

1) 쉰밥 먹지ᄆ, 네 밥 새로 짖자 『다석일지 1권』(1960. 10. 9.)


쉰밥 먹지ᄆ, 네 밥 새로 짖자


틈없는데 드리먹재! 자리없이 싸붙히잔!
어렴 시렴 붇그럼 다집어 먹은 때 갈림에,
예수나 석가 받아 팔 밥벅리론 아예ᄆ


위 한글 시 제목이 적시한 '쉰밥'은 쉽게 얻은 밥(물질), 공짜밥, 놀고 먹는 밥이란 뜻이다. 한마디로 불로소득이란 의미겠다.

하지만 동시에 이런 밥, 쉰밥을 먹으면 배탈 나서 죽는다는 의미도 담겼다. '쉰'은 쉽다와 쉬다(부패하다)의 이중 의미를 지녔다. 하여 다석은 이런 쉰밥 먹지 말고 네 밥을 손수 새롭게 지어 스스로에게 바칠 것을 권한다. 특별히 종교가 직업인 사람들에게 말이다. 동학이 말하는 '향위설위'와 뜻이 같다 싶다.

　남들은 일하기도 바쁜 세상에서 끼여들며 놀고 먹을 생각만 하고 사는 사람들이 많다. 생존터는 자꾸 줄어드는데 자식들 낳아 땅을 황폐케 하고 어려운 일 피해 사는 것을 부끄럽다 여기지 않는 염치없는 사람이 되고 있지 않은가? 이런 시대에 예수, 석가를 팔아 밥벌이하는 불한당들이 많아져 걱정이다. 단지 사이비 이단들 이야기만은 아닐 듯하다. 페북에 먹는 이야기, 놀러다니는 장면을 많이 올리는 이들이 목사들이다.

　차라리 종교인들 또한 예외 없이 쉰밥 먹을 생각 말고 힘들여 땅 파고 기술 익혀 제힘으로 제 밥 지어 먹는 일을 해야 한다. 그보다 더 핵심은 자기 속알을 깨치는 일을 해야 한다. 똑같이 탐하고 즐기고 먹으면서 종교인, 성직자 행세하는 것은 쉰밥을 먹고 있다는 명백한 증거라 할 것이다. 그런데 사실 어디 종교인들뿐일까? 일이 아니라 돈이 돈을 버는 세상에서 모두가 쉰밥만을 탐하고 있다. 정치, 경제, 교육, 법, 어느 분야를 돌아봐도 눈에 보이는 것은 쉰밥을 탐하는 사람들뿐이다. 그런 밥은 사람과 뭇 생명을 죽이는 밥인 것이다. 쉰밥은 결국 남의 희생을 요구할 수밖에 없다. 윤석열이 탄핵을 받은 것도 이런 이유에서다.

2) 뉘 잔치 『다석일지 1권』(1960. 9. 12.)


뉘 잔치

느덧없이 군맞은 예 가실손 너무 잡지마?
오는손 더더 만흔듸 제갈절 잊고 멋지 므,
도댕겨 가올 나드리 너나 다름 없스니


　다석은 인생살이가 펼쳐지는 세상을 손님 맞는 잔칫집으로 비유했다. 느
닷없이 손님들이 닥쳐 정신없어 한 적도 적지 않았을 것이다. 새로운 생명들
이 지구 별에 많이 탄생했기 때문이다. 어느 경우는 오래 머물 것이라 생각
했던 손님이 급작스레 떠나기도 했다. 이런저런 이유로—분쟁, 기근, 질병
등— 세상과 급히 이별한 사람들 또한 적지 않았다. 먹이고 입히는 일을 했
던 세상을 중심 삼아 생각할 때 멋진 비유가 아닐 수 없다.
　앞으로도 올(탄생) 손님이 지속적으로 많아질 것이니 가실 손님 떠나는
것(죽음)을 크게 슬퍼하지 말아야 한다. 세상에 손님으로 머무는 동안 제 갈
길 잊지 말고 그 본분 멈춤 없이 지속하는 것이 우리 할 일이다.
　전체적으로 볼 때 세상은 오가는 사람들을 먹이고 입히는 잔칫집이다.
잔칫집을 찾은 사람들을 배고프고 슬프게 만들면 아니 된다. 너나없이 먹고
살다 나들이를 좋게 마쳐야 할 것이다. 더 먹겠다고, 더 많이 오래 살겠다고

잔칫집에 머뭇거리지 않는 것이 예의다. 자기 자리를 성심껏 지키다가 다음 손님을 위해 그 자리를 내주는 것이 우리의 도리이다.


### 3) 군거질로는 졸ㅎ고 숣 몯 『다석일지 2권』(1970. 11. 1.)

군거질로는 졸ㅎ고 숣 몯


군거질로는 볼

죄ㄷ 뎌로 흔 **볼 흥**

너나 몯ㄴ 흔ㅁ둥

외누린 : 업! 흔두레

굼질론 : **줂고숣이**…

기리우리

곧즁길


본래 제목이 붙지 않았지만 위 한글 시 내용상 '군거질'로 제목 삼아도 좋겠다 싶다. 다석은 정신이 빠진, 얼빠진 인생 모두를 군것질이라 했다. 군것질은 잘 사는 삶의 모습이 절대 아니다. 욕심 탓에 자기 본체를 놓치고 사는 인생을 군것질하는 것으로 비유한 까닭이다. 한마디로 탐진치로 요약되는 일체 욕심이 군것질이다.

여기서 죄다는 모두, '전부'의 뜻이자 '죄'(罪)라는 뜻도 있다. 더는 더더의 줄임말로 탐욕을 일컫는다. 모두가 더더 하며 한탕주의(한 받항)를 꿈꾸고 있으니 죄, 허물이 아닐 수 없다. 너나 나나 못난 놈들이 날뛰는 공간, 한마당이 우리 사는 세상인 것이다. 이렇듯 다른 사람 제치고 홀로 이기겠다 하는데 결코 혼자 잘되는 세상은 없는 법이다. 혼자 사는 세상 곧 외누리는 없고 공동체 즉 두레를 통해서만 더불어 살 수 있다.

더더 하는 군것질로는 바르게 살 수 없다. 정신(얼) 빠트린 채 무엇을 얻고 더 얻겠다는 것은 파멸의 길이다. 정신 차리고 마음을 움켜잡자. 한 개인이 아니라 우리를 높이고 찬양하자. 전체가 하나라는 것을 알아야 한다. 이것이 '기리우리'이다. 한마디로 그것이 곧장 위로 오르는 길이기도 하다. 사랑하면 하느님을 알 수 있다는 것이다. 너나 나나 모두 무아(몬나)가 되어 한바탕 잔치를 벌이자는 것이 인생이다. 이 일 외에는 모두 군것질이고 죄다 허물(죄)임을 생각해야 옳다.

## 4) 거슬러 온 삶 『다석일지 2권』(1963. 12. 19.)

거슬러 온 삶

흘러, 낡 : 허믈! 벗노란 : 잘 만큼 자란 : 잠근뒤
한꿈 : 꿔, 깨 얼김 : 드, 나. 쉬엄, 쉬 뚤린 속알 몸!
계계, 돈 거슨녁, 위로 늘참사리 : 산계로.

거스름 :  젹다 말고꽈요 -오는때-밑천! 꼭꼭!
틈을내, 타 : 거의옳고! 숨을드려, 사 : 죄다 값!
이승에, 숨사리 : 옳긴? 거슬거슬 거슬름!

인생이란 거슬러 오르는 것이다. 정자를 통해 태어났으나(흘러낡) 그 허물을 벗어나야 한다. 사는 대로 생각하지 않고 생각하며 사는 삶을 요구받고 있다. 이것이 내 뜻대로 마옵시고 아버지 뜻대로 하시라는 말뜻이다(克己復禮). 인간은 자신의 허물을 벗기 위해 하느님 꿈을 꾸어야 한다. 생각 끝에 꿈을 꾸게 된다. 꿈꾸는 것이 자는 것이다. 자다가는 필히 깨어야 한다. 꿈을 이뤄야 하기 때문이다. 속알맘(大我)이 되기 위함이다. 영원한 진리를 사는 일이겠다.

살아있다는 것은 거슬러 하늘 위로 오르는 일이다. 이런 거스름은 단번에 되지 않는다. 거듭 축적해 놓아야 한다. 이런 축적을 밑천 삼아 언젠가는

하늘 길로 나설 수 있다. 꼭꼭 모아두시라. 틈을 내고 시간을 아껴서 기회를 잡아라. 그러면 우리 허물이 죄다 사라질 것이다. 끊임없이 세상을 거스르고 자신을 거역하고 올라가라. 거스름을 통해 거스름돈을 받아 여유롭게 새 생명을 살 수 있다. 거스름만이 거스름돈을 받게 한다. 그것이 이승 삶이자 은총이다. 거스름(거슬러 올라감)과 거스름돈의 역설적 상관성이 흥미롭다.

### 5) 갈틱업! 꿀덴: 데계디 『다석일지 3권』(1971. 1. 11.)

갈틱업! 꿀덴 : 데계디

우리는 우이 위 웋 우히 위히로 올라 올흠
우리 이젠ㄴ ㄴ진 나ㅣ다 우리 웋에 넘니읍
계 계신 꼐계로 이제ㄹ 밝혀 고이고 고임믄
우리 숨 ㅊㅈㅅ르와 춤칙임 ㅁ침ㄴ뵈리
예 예는 너나ㄹ우리 ㅇㅂ모심 그림뿐.

앞서 한 번 소개한 글이다. 중요하다 싶어 다시 살펴 읽는다. 사람들은 자기 갈 곳을 찾아 헤매며 살고 있다. 밖으로 밖으로 발길을 분주히 옮기면서 말이다. 해외여행도 지쳐 이제 달나라, 우주여행까지 가려고 애쓴다. 정말 그곳이 우리들 갈 곳인가? 우리가 진정 갈 곳은 '계계', 자기 속으로 들어가는데 있다. 내가 세상에 태어나기 이전에 있던 곳이다. 하느님의 얼나라고 말할 수 있다. 계계 드는 길은 위로 위로 오를 때 가능하기 때문이다.

이곳 낮은 곳은 내가 나에게 진, 내게 패배를 안긴 곳이다. 나를 실패하게 만든 이 낮은 곳에서 하느님을 머리에 이고 살아야 한다. 내 머리 위의 '임'은 '이김'을 주시는 분인 까닭이다. 여기서 '임'과 '이김'은 뜻이 같다.

생명이신 하느님에게 나 자신을 바쳐 내가 그의 사랑(고임)을 받는 것이 인생의 목적이다. 내 안에서 말씀이 타오를 때 진리가 충만할 수 있다. 이곳에서 너나 우리 모두 말씀을 모시고 그를 그리워하며 살아야 할 것이다. 아버지께로부터 왔고 그에게로 가는 것이 바로 '나', 우리 인생이다. 위로 오르는 것과 내 속 깊은 곳을 찾는 일이 다르지 않다.

6) 눈: 얼 마나 보는 눈일가? 『다석일지 2권』(1967. 2. 26.)

눈 : 얼마나 보는 눈일가?

붉게 보고, 흐노릇이 : 털석 : 흐더라. 나-말씀-
어둔데서 맨져보며 다룬 것이 : 틀림없듭!
눈이란 팔리기도 : 히 믿다가도 못믿혀!!

옳게 보고 판단하려고 눈을 뜨고 사는 것인데 눈이 눈 역할 못 하고 그릇되게 하는 적이 많다. 실수하여 우리 삶을 털썩 주저앉도록 했던 경험이 없지 않다. 오히려 어둠 속에서 몸으로 부닥쳐 직접 느끼며 살펴 살면 뒤탈이 없다. 얼마나 뜬 눈으로 세상을 잘 못 보고 살았으면 한눈팔지 말라는 말이 생겨났을까? 우리 큰 눈이, 두 눈 중 어느 한 눈이라도 무엇에 팔리면 소중한 인생을 그르치게 된다. 生覺, 살아있는 느낌을 잊고 보는 대로 살면 착각하기 쉽다. 본다는 것이 못 보는 것이 될 수 있는 탓이다. 그래서 예수는 당대 사람을 소경이라 했다. 제자들마저 서로 높이 지려고 싸울 때 예수는 그들에게 먼저 눈을 뜨라고 했다. 전체를 봐야 하고 민족을 생각해야 될 정치인들이 한눈팔아 생긴 비극 탓에 나라 꼴이 말이 아니다. 그래서 다석은 우리에게 묻고 있다. '눈, 얼마나 보는 눈인가?'를.

7) 또 못 참 『다석일지 2권』(1963. 4. 15.)


또 못 참

말업서도 조흘 말을 ᄒ다가는 하나! 나지……
나.나, 하.하. 나는 : 안홀 말ᄒ다 난거신가! 바!
너.나둘, 틈난 자리에 말란 말씀 또 못참!

말에 대한 한글 시이다. 하지 않아도 될 말을 거듭하며 인생을 사는 것이 말하는 동물, 인간의 숙명인가 보다. 그처도 좋을 말을 못 참고 계속하는 인간사를 논했다. 사람은 도대체 왜 말하는 것일까? 내가 온통 하나, 전체가 되어 살면 말이 필요치 않았을 것이다. 전체가 깨져 개체가 되었기에 소통코자 말이 생겨난 것이겠다. 바벨탑 사건도 인간 언어 탄생에 대한 신화적 표현 아니겠는가?

서로들 나, 나 하며 개체로 살면서 하, 하 즉 전체(온통)을 찾고자 말을 하며 산다. 본래 말이 필요 없는 하나인 우리가 갈라져 안 해도 될 말을 수없이 내뱉으며 살다 죽고 있다. 너나가 갈라져 둘이 되었고 그 틈난 자리를 메우려 말을 하게 되고 그 와중에 쓰잘 데 없는 말들—아첨하고 허세 부리며, 아양 떨고 슬픈 척 억양을 바꾸며 화난 척, 고마운 척하고 심지어 거짓말들—을 밥 먹듯 거듭하며 살고 있는 것이다. 개체로 사는 인간이기에 말없이 살 수는 없다. 분열을 극복할 목적에서다. 말이 필요하겠지만 실상 말없이 사는 것이 좋을 경우도 많다. 말을 하다가 더 많은 상처, 갈등, 분쟁을 만들 수 있기 때문이다.

본디 없어도 좋은 말을 못 참고 지속하면서 세상살이하는 인간이 가엾다. 없어도 좋을 말, 꾸미고 가식적인 말만 가득 내뱉고 인생살이 마감하는 것이 안타까워 쓰신 한글 시라 생각한다. 종교인들의 설교와 강론도 예외가 아닐 듯싶다.

# 8. 문명론

이번 글부터는 문명론을 다룬 한글 시를 소개한다. (정치)현실 비판보다
는 좀 더 포괄적 차원이다. 주지하듯이 『다석일지』는 1955년부터 1974년까
지 거지반 20년에 걸친 기록, 다석의 '제소리'를 모은 것이다. 그렇기에 세상
과 문명을 바라보는 원론적 시각은 옳으나 오늘의 현실에서 수용키 어려운
부분도 있다. 당시는 오늘날과 달리 인구가 마구 증가했고 기계문명이 구세
주처럼 여겨지던 시기였던 탓이다. 그럼에도 아래 한글 시에 담긴 다석의 기
본 생각과 깊게 감응하고 싶다. 나이지리아와 인도 그리고 스리랑카 등지로
보내지는 1세계의 비닐(산업) 쓰레기들, 그것을 먹고 병들어 신음하는 소의
창자에서 90Kg 상당의 엉켜진 비닐 뭉치를 끄집어내는 모습을 보았기 때문
이다. 사람인 것이 부끄러울 정도였다. 이 항목에서 소개하는 첫 한글 시 '맨
듬'과 '지음'을 '풀'과 '비닐'로 대치해서 생각해 봐도 좋을 듯하다.

## 1) 맨듬과 지음 『다석일지』(1957. 5. 28.)

맨듬과 지음

[로마서 4 : 17]

몬을 누가 맨드럿다? 없이 계셔서, 없는 데서

있이 내시는 이가 맨드럿지.

그릇은 뉘 지은가? 떠러져서 난 사롭이 몬지에 찌를 덧붙처

지은 것이지.

맨으로 드러냄 만이 맨듦이라, 흘 게다

　　오늘 한글 시는 로마서 4장 말씀에 기초했다. 하느님은 '죽은 자를 살리고
없는 것을 있게 만드는' 분이란 것이다. 이런 하느님 활동을 창조라 일컫는
바, 다석은 '맨듬'이라 불렀다. '맨'이란 아무것도 없다는 뜻이다. '무로부터
의 창조'란 말과 뜻이 같다. 없는 데서 있는 것이 나왔다는 것이다. 허나 기존
기독교의 창조 교리와는 달리 해석했다. 주지하듯 '허공' 없이는 어떤 것도
존재할 수 없다고 봤기 때문이다. 모든 것을 있게 자리를 내주는 '허공', 그것
이 '맨듬'이고 인격적으로 표현하면 신적 사랑일 것이다. 없음이 있음보다
먼저란 뜻이기도 하다.

허공 속에 자리한 수많은 존재들, 그것이 자연이다. 이 점에서 허공, 하느님과 자연은 결코 둘일 수 없다(不二). 하지만 문명을 상징하는 기계(그릇), 오늘날 회자되는 인공지능(Chat GPT)까지 총칭하여 인간을 대신하는 기계는 모두 사람이 만들었다. 어떤 사람이 만들었는가? 최근 신유물론을 통해 자연의 창조(능동)성을 강조하는 추세지만 결국 타락한 인간이 만든 것이다. 하여 다석은 이런 기계문명을 죄(몬지)에다 악(찌)을 덧붙여 만든 것이라 봤다. 기계문명을 상당히 부정적으로 평가한 것이다. 기계문명이 결국 자연과 사람을 죽이는 무기가 될 수 있다고 생각했기 때문이다.

반면 하느님 말씀은 세상 만물을 지속시키는 성실성을 지녔다. 인간은 하느님의 성실함을 공경하고 그런 하느님을 신뢰하며 사는 것이 도리이다. 한마디로 誠, 敬, 信을 강조했다. 이럴 경우 하느님 말씀은 축복이 된다. 창조와 인공, '맨듬'과 '지음'의 차이가 바로 여기서 비롯한다. 말씀이신 하느님과 사람의 차이라 봐도 좋다. 다석은 한국전쟁 발발 이후 산업화로 치닫고 있는 문명의 미래를 많이 걱정했다. 하지만 과학 자체를 부정한 것은 아니었다. 자연의 신비를 밝히는 것을 과학이라 여기며 물리학에 관심했다. 다석은 농사를 최고로 생각했다. 농사일이 하느님의 '맨듬'과 가장 흡사하다 봤던 것이다.

## 2) 손쨈손 『다석일지 2권』(1962. 11. 5.)

### 손쨈손

부질업슨 손쨈손의 :  참? 비롯이 무엇인지?

손재주도 길 • 길이니 느는 듯ㅎ다가- 그만!

더럴손 깨끗자ㄴ 물 • 불, 조차볼손 더런 짐!!

크건?작건 :  한늘이건? 몬지건? -다다넝 준- 빛!!

몬! 가갑자!! 더럼 되고! 빛! 업시 뵘 : 거륵ㅎ이!

예 가친- 몸- 은 더럽다! 졔계 근 ㅣ 한웋 읍

앞서 소개한 '맨듬'과 '지음'의 연속선상에서 이해할 글이다. 한글 시 제목 '손쨈손'은 손재주라 보면 되겠다. 확장시키면 기술 전반을 뜻할 수 있다. '맨듬'이 아니라 '지음'을 적시한다. 사람이 짐승과 다른 것은 직립했기 때문이다. 직립의 결과 손 사용이 자유로워졌고 그것으로 기구를 만들고 그것이 두뇌를 발전시켜 자연을 지배하게 된 것이다. 하지만 이런 손재주는 한계가 있다. 마구 발전하는 것처럼 보이나 '그만'일 때가 있는 법이다. 결코 무궁무진할 수 없다. 손재주, 테크네는 곧잘 더러워지고 잘못되기 십상이다. 물과 불 같은 자연을 다루는 손이 탐진치로 인해 타락한다.

세상에 더럽지 않고 잘못될 수 없는 것은 '허공'(빛)뿐이다. 이 '허공'은 크건, 작건 상관치 않고, 그것이 하늘이든 티끌만도 못한 먼지이든 간에 자신 속에 일체를 받아들인다. 따라서 허공과 근접할수록 거룩한 존재가 되고 개체인 물질과 관계하면 더럽게 된다. 물질(예)에 갇힌 몸은 더럽고 '제계(한옹)'에 들어간 존재가 깨끗하다. 하지만 세상은 손재주가 지배한다. 그를 발달시키고자 안달이다. 과학기술을 발달시켜 무기를 만들었고 그것으로 약한 나라들을 침략했고 심지어 인간 정신세계조차 식민화시켰다. 앞으로는 '호모 데우스'—神이 된 인간— 역시 돈과 기술로 만들 수 있을 것이다. 그렇기에 다석은 이런 기술을 다소 부정적 색조로 '손짭손'이라 일컬었다. 더러운 손, 잘못된 손재주란 의미이다. 불과 물과 같은 깨끗한 자연에게 손재주를 부리다가 자연도 인간도 오염시킨 것이 목하 과학문명이라 여겼다.

이에 다석은 과학기술이 철학, 종교와 벗할 것을 역설했다. 과학이 '빔' 즉 허공을 떠날 수 없다는 것이다. 떠나는 순간 기술은 타락하고 만다. 과학이 발달할수록 모든 것, 일체를 수용하는 빈탕, 허공의 마음이 인간 세상에 더욱 필요할 수밖에 없다.

3) 기상즉경(起床卽景) 『다석일지』(1958. 10. 9.)


기상즉경(起床卽景)

도 바로 누리에 스데 도 단여 기 나가 읠
수 바로 우리게 수데 도 닦겨 기 나가 읠

자본주의 문명 비판에 대한 단초가 담겨있다. 아침 일찍 일어나서 문득 든 생각을 적었다고 해서 '기상즉경(起床卽景)'이란 말이 아래 한글 시의 제목이 되었다. 이 시 앞에 漢詩가 있으나 생략한다.

이 한글 시에서 다석은 '돈'(도)과 '도(道)'를 갖고 생각을 풀었다. '돈'과 '도'는 모두 움직이는 것이다. 예부터 돈은 '돈다'고 돈이라 했고 '극에 이르면 다시 처음으로 돌아가는' 것을 도라 일컬었다. 자본주의 사회에서 돈이 힘인 것을 부정할 수 없다. '숨'(주) 또한 당연한 듯 보이나 그것 역시 하늘 주신 힘이다. 숨 쉬지 못하면 누구든 죽는다. 돈이 돌지 않으면 죽는 사람 생기듯 그렇게 말이다.

숨에는 '목숨'만 있지 않고 '말씀'도 있다. 하느님 주신 말씀을 생각하며 사는 것이 말숨을 쉬는 일이다. 하느님 말씀을 생각하며 살아야 기운 넘치는 삶을 살 수 있다. 하여 다석은 앞의 漢詩에서 자신의 사명을 '사람들에게 말씀을 골라 전하는 일'이라 말했다. 사람들에게 '말숨'을 쉬도록 할 목적에서다.

여하튼 '돈'과 '도'는 세상(누리)에서 돌고 돌아야─다석은 이것을 호흡(숨)이라 여겼다─ 생명을 살릴 수 있다. 그런데 현실에서 돈은 자본가에게 쌓여있고 도는 소통되지 않는다. '말숨' 없기에 '돈길'도 막힌다. 소통할 근거와 이치가 사라지고 욕망(탐진치)만이 꿈틀거리는 탓이다. 돈이 쌓여도 죽고 도가 막혀도 죽는다. 돈 때문에 머리가 돌고 도가 없어 가슴이 돌처럼 굳어진 이들이 세상에 한가득이다.

돈 때문에 죽는 사람이 없으려면 도를 위해 말숨 쉬는 사람이 많아져야 할 것이다. 말숨 쉬는 사람 많아져서 세상에 돈 길 열리기를 바라서였다. 움켜쥔 손바닥을 펴게 하는 힘은 말씀, 말숨밖에 없다. 그것이 '김 나감[기] 나가 쉬워'의 뜻이다. 위 시에서 말하는 '순데'는 수인데의 줄인말로서 '수'는 힘, [곧] 능력을 말한다. 다석은 '예수'를 이어 이어져 내려온 능력(힘)이라 풀은 바 있다. 우리에게 예수가 있다는 것은 그와 같은 능력, 힘이 있다는 것이다.

### 4) 무슨짓 들? 『다석일지 2권』(608쪽)

쓴 날짜를 가늠하기 어렵다. 날짜 표시 없이 여러 시들이 연이어 있기 때문이다. 책 쪽수로 출처를 표기한다. 주제가 비슷해서였을까?

> 무슨짓 들?
>
> 잡아먹고 집어쓰고 더럽놀곤 다살앗디
> 그릴라믄 그릴때문 그럴터믄 뉘 : 본인 누?
> 깨내며 길러나 보다 그만두며 옐!, 싫대!

신자유주의를 경험한 바 없는 다석이겠으나 그가 걱정, 비판한 세계는 우리 살고 있는 오늘의 경쟁 현실을 적시한다. 약자를 잡아먹고 심지어 죽이며 남의 나라 것 마구 집어다 쓰고 공유지 자연을 마치 제 것인 양 약탈하다 오염시키고 있으니 말이다. 그뿐인가? 온갖 발전된 기법으로 음란한 성범죄가 만연하고 서로의 육체를 탐하며 인류를 망가트리고 있다. 많이 빼앗고 소비하고 오염시키면서도 나아가 세상을 전쟁으로 이끄는 오늘 상황에 과연 문명이란 이름을 붙일 수 있을 것인가? 이런 모습을 보면서도 과연 발전, 진보 그리고 성장이라 결코 이름할 수 없을 것이다.

최근 촘스키 책 한 권이 번역 출판되었다. 『물러나다(Withdraw) ─ 다극세계의 길목에서 미국의 실패한 전쟁을 돌아보다』이다. 최근 우크라이나 전쟁에 이르기까지 뭇 전쟁을 주도해 온 미국, 지금껏 기독교 문명의 이름 아래 세계를 제패했던 미국의 속살을 밝힌 책이다. 이 책은 다석이 윗글에서 언급했던 이런 짓들이 결국 금세기 문명의 실상이었음을 증명한다. 이렇게 살다 보면, 착취하고 더럽히고 죽이는 문명이 계속된다면 세상 끝을 누가, 어찌 볼 것인가? 물론 해결책을 논하지 않을 수는 없을 것이다. 철학으로 과학으로 또는 도덕 종교 이름으로 방법을 찾고 교육적 해법도 제시하겠지만 그러다 안 된다고, 해결이 불가능하다며 '엑' 소리 내며 자포자기하지 않을까? 과연 서구에서 해결책을 찾을 수 있을 것인가?

이렇듯 답 없이 문제만 일으키는 사람들, 이들은 사람일까? 짐승일까? 도대체 아름다운 세상에서 무슨 짓들 하며 사는 것인가? 다석이 준엄하게 묻고 있다. 다석의 '없이 있다'는 사유는 어쩌면 이에 대한 답일 수 있다. 하여 몇 년 전 나는 다석 사유에서 문명 비판적인 생태학적 맹아를 찾고자 했다. 최초 출판한 『역사유비로소의 개벽신학 ─ 호·公·共』은 이런 문제의식의 열매이다.

## 5) 죽기로 살면서 『다석일지 1권』(1959. 8. 31.)

### 죽기로 살면서

밥맛에다, 살맛에다, 살림 뜻을 붙인다면,
죽이는데, 발기는데, 누림 맛이 언쳤구먼,
밝인 입 밥 죽이기론 쌀 길러냄 못믿대.


밥맛, 고기(살) 맛에다 인생 사는 목적을 두고 그를 위해 살아도 좋을 것
인가? 여기서 밥과 살은 食과 色이라 풀어도 좋다. 인간의 삶은 식색으로, 더
좋은 것을 먹고 더 이쁜 사람을 찾는 것으로 결코 끝나지 않는다. 후손을 잇
는 것만으로 삶이 완성될 수 없다.

이렇게 살고자 하기에 세상은 더 갖고 누리고자 남을 죽이고 발로 짓밟고
있다. 그런 사람들이 더 많이 생겨난다. 이렇듯 향락을 좇는 세상, 좋아 보이
지만 그 이면에 누린내가 한가득 차 있다. 사람 태워 죽이는 냄새가 바로 누
림 맛이다. 수많은 사람들이 죽음으로 이런 세상을 떠받치고 있는 까닭
이다.

갈수록 세상에는 일하지 않고 누리고자 하는 사람들이 많아진다. 돈으로
돈을 벌며 입맛, 살맛만 관심하고 '뜻 맛'을 잃고 산다. 이렇듯 밥만 축내는 사람
들(밝인)이 많아져서 아무리 노동해도, 자연을 경작해도 충분하게 먹거리(쌀)

를 공급할 수 없다. 붕괴된 자연이 인간을 품지 않고 토해내고 있는 중이다.

위 한글 시를 앞서 풀었던 김흥호는 글 끝머리에 다음처럼 적었다. "생존 경쟁은 갈수록 심해지고 전쟁은 일어나서 강국들의 삶을 위해 약국들은 한없이 살상당하고 세상은 사람 태우는 화장 냄새로 가득 차게 되었다. 세상 사는 사람을 죽이는 것인가? 살리는 것인가?" 결국 인간은 오늘 한글 시 제목처럼 '죽으려고 사는' 모양이다.

6) 따에서 스룸 『다석일지 1권』(1958. 11. 17.)

따에서 스룸

우리가 발로 밟는 따
우리 발을 잡아당기는 땅인가?
우리의 발이 담긴 흙탕물인 땅인가?

우리의 "들머리"(乾) 웋으로 하늘이면!
우리의 "댕길발"(坤)로 드듸고 댕기어 갈
드듬돎뿐!!
예 드듸어 따 다 땅!

우리가 땅땅 굴러 밟는 동안
땅도 제대로 굴러가도다.

우리가 이 어릴때만 타게 된 이 작은 수레에
곱게 구러서,
이 따이 우리를 더럽어 ᄒ거나
근질어워 ᄒ진 않게 ᄒ여지이다.


지금껏 다석이 허공, 하늘, 바탈 등을 많이 다뤘기에 그가 땅을 소홀히 생
각한 듯 보일 수도 있었겠다. 그러나 다석은 결코 땅을 무시하지 않았다. 위
한글 시는 문명 비판적 시각에서 땅(자연)의 소중함을 일깨운다. 1960년 이
전 글이다. 당시 우리나라에서 과연 누가 이런 글을 쓸 수 있었을까?

땅 위에 머물러 살면서 생각해 본다. 우리 발로 늘 짓밟고 무시하는 어머
니 대지, 그럼에도 우리 발을 아래로 잡아당겨(중력) 하늘로 뜨지 못하게 하
는 모성적 대지가 아닌가? 종종 우리 발을 빠져들게 하는 흙탕물처럼 된 땅
은 아닌지 모르겠다. 우리 머리 들어 향할 곳은 하늘(乾)이지만 발을 디뎌 살
게 하는 곳은 땅(坤)이다. 이 땅은 삶을 지탱하는 디딤돌인 것이다. 이 땅 위
에 굳게 서지 못하면 사람 노릇 제대로 하기 힘들다. 우리가 당(정)당하게 땅
을 경작하고 이용하여 살 때 삶이 힘 있고 건강할 수 있다. 대지 역시도 그에
따라 자연, 스스로 그러한 존재가 될 수 있다.

인간은 자신의 성장을 위해 땅 위에서 생존한다. 어린아이가 어머니 품속에 있듯이 그렇게. 물론 아기가 크면 어미 품을 떠나듯이 인간도 위로 오를 마음을 먹고 살아야 한다. 그동안 우리는 이 땅을 곱게 곱게 다독이며 살아야 한다. 오염시키고 파괴하는 일을 없이 해야 땅을 디딜 자격이 있다. 우리의 디딤돌 되는 땅이 인간을 더럽다고 저주하게 만들어서는 아니 된다. 마치 해충이 사람 몸을 갉아 먹듯이 자연을 괴롭히고 망치는 일은 결코 하지 않아야 할 것이다. 인간이 자연을 망치는 해충(기생충)이 될 수 있음을 경고했다.

다석의 한글 시에 비춰볼 때 우리가 경험했던 코로나 바이러스는 인간이 대자연, 어머니 대지를 해치는 유해한 기생충이었음을 여실히 보여줬다. 가이아의 복수란 말을 떠올려도 좋겠다. 하늘로 올라야 할 수백만 사람을 땅속 깊이 묻은 이 사건은 반면교사를 삼을 일이다. 종래와 다른 문명을 만들 책임이 우리 몫이 되었다.

### 7) 꽃구경 『다석일지 2권』(1967. 5. 3.)

꽃구경

〈잇〉 끗 작되, 〈업〉 않이건? 〈업〉듊이 크나,
〈잇〉 않임!

넒이 탉보다 : 붉고? 「흙」이 풀림 뭚큼 공을가?
꽃곪딓! 네곪을겂 : 뭿! 잠고딕는 : -멈츨일-

있음(有)의 끄트머리가 아무리 작고 작아도 없음(無)이라 말할 수 없고, 없음(無)의 원대함이 아무리 커도 있음(有)은 결코 아닌 것이다. 세상의 만물은 있음(有)과 없음(無) 사이에 존재한다. 아무리 곱고 고운 꽃일지라도 그것 자체를 있다고 말해서는 아니 된다. 꽃만 보는(꽃구경), 유(有)의 문명은 온전할 수 없다.

나무 위에 핀 꽃이 화려한들 타오르는 불꽃만큼 아름답지 않고 흙이 곱다 해도 그 위에서 올라오는 풀잎처럼 곱지 않다. 꽃이 곱게 피어 있다고 네가 꺾고자 욕심낼 것 없다. 함부로 꺾지 말라. 허공(無) 없이 꽃이 있을 리 만무하다. 여색을 탐하지 말라는 의미도 담겼다.

자연은 그대로 아름답다. 사람도 자연이 되면 절로 아름다울 것이다. 자연 그 자체는 '깬 세계', 즉 旣成佛이다. 고운 꽃 보고 꺾고자 하는 사람들이 아직 덜된 존재, 未成佛일 뿐이다. 길가에 나뒹구는 돌멩이는 예배가 필요 없으나 사람은 오늘도 내일도 여전히 깨쳐야 할 존재이다. 자연이어야 한다. 여기서 ㄴ ㅁ ㅇ ㄱ ㅎ 받침은 생명이 성장하는 모습을 보여준다.

## 8) 재예(才藝)『다석일지 3권』(1974. 2. 7.)

### 재예(才藝)

ㅎ늘才操 별, 똥 才操 흙. ᄉ름才操 싱ᄀ요
生生草生 才才木材 術術주술 藝術 農藝
술ㅎ다 예 있 이즈믄 실오릭기 옳들려!

하늘의 재주는 별을 반짝이는 데 있고 땅의 재주는 흙 위로 푸른 생명을 자라도록 하는 것이고 사람의 재주는 생각하여 문명을 만드는 데 있다. 푸릇 푸릇 생명이 자라고 나무가 커서 목재가 되며 기술이 예술로 변해서 農藝가 된다.

하지만 이런 術(재주)에 취해 재미가 붙으면 떠나야 할 땅(예)에 달라붙게 된다. 나그네의 삶을 잊는 것이다. 이를 잊고 살다 보면 실오라기, 즉 하느님께서 오라는 소리를 못 들을 수 있다. 여타 이런저런 술(術)에 빠져 오르라는 생명 소리를 놓치면 아니 될 것이다. 재주에 빠져 버리면 문명은 사람에게 언제든 毒이 될 수 있다.

# 9. 현실비판

1) 자유당 성격 『다석일지 1권』(1960. 6. 12.)

자유당 성격

편히먹고 싶은놈 손만들면 먹여준다ㄴ 대
곱게입고 싶은년 말만ㅎ면 입혀준다ㄴ 대
제속든 외와 호박은 발가내선 버리기

1960년에 이르면 3. 15 부정선거, 4. 19혁명에 대한 소감이 수십 곳에서 언급된다. 다석이 쓴 '자유당 성격'이란 글을 옮겨본다. 계엄 탄핵 이후에도 여전히 '윤심'만 쳐다보는 작금의 국짐당의 모습을 그대로를 보여준다.

편히 먹고 싶은 놈 자유당 가면 된다. 거수기 노릇만 하면 먹여주는 곳이다. 곱게 입고 싶으면 자유당 들어가면 된다. 제 속이 꽉 찬 오이와 호박, 그 속을 발라내서 버리듯이 제 뱃속만 가득 채운 자유당은 발라내서 내버려야 마땅하다. 정당 해산을 명하고 있는 것이다.

오죽했으면 다석이 이렇듯 말했을까. 그 마음이 지금 내 마음이다. 모든 영역에서 '어른'이 필요하다. 김장하 선생의 삶이 이 정치인들의 양심을 자극하는 새로운 을사년이 되기를 기도한다. 다석이 말했듯이 그분이야말로 '빈탕한데 맞쳐 놀았던 사람', '씻어난 이', '솟난 분'이 아닐까 싶다.

## 2) (심)판 『다석일지 1권』(1961. 3. 19.)

> (심)판
>
> 이판을 무슨판만 녁이오? 먹는판! 치는판!
> 판은 갈루 판갈리면 멕히는 판! 맞는 판 돼!
> 그렇지 되고 될 판에 다른 수는 찾지무…….

1961년이면 그때도 한국 정치가 불안한 때였다. 그때나 지금이나 패거리 정치가 문제였다. 그 판을 뭐라 말하면 좋을까. 정치가 먹자판, 짜고 치는 고스톱판, 군인들 판, 약자 탄압하는 정치판이 되고 말았다. 허나 어느 한 편이 지배하는 세상은 곧 끝날 것이다. 잡아먹던 놈이 잡아먹히게 되는 판이 벌어질 것이다. 때린 놈이 맞는 정치판으로 바뀔 수 있다. 그렇게 될 때가 무르익었다. 다른 수는 없다. 이제 우리에게 닥칠 판은 심판뿐이다. 다른 수를 찾지 말라. 다른 판, 심판이다. 계엄 탄핵 이후 대선을 앞둔 정치권에서 엄히 들을 말씀이다.


## 3) 民不畏 『다석일지 1권』(1956. 7. 23.)


民不畏(백성들이 두려워 않는다)

어렴 시럼 없는 씨알게
큰 어렴이 닥친다.
자리를 넓게 잡으니 자리잽혀 혼자되는
것이구나. 참넓히는 거시 좁아지는 거시구나.
실컷 살려니 좋게 안도는구나. 그마만 좋므로 실혀 안는거시
실컷 좋다…… (중략)


민중들이 죽음을 무서워 않을 만큼 사는 것이 고달파졌다. 이렇듯 힘들 면 쥐가 고양이를 물듯 위정자들에게 대드는 일이 다반사가 된다. 맹자가 말한 역성혁명을 생각해도 좋겠다. 왕의 권력이 아무리 크다 한들 백성(水)이 왕(舟)을 뒤집을 수 있는 법이다.

죽일 테면 죽이라 대드는 것이 민중이다.

모든 부와 권력을 독차지하려 하니 점점 백성은 떠나고 왕은 홀로 고독해질 뿐이다. 민의를 청취하여 자기를 없이 할 때 자기 삶이 더 넓어지고 백성도 편안해진다. 이것이 민심이고 오늘 말로 하면 여론이다.

권력과 부를 '실컷' 갖고자 하면 세상도 자신도 민중도 도대체 불행해질 뿐이다. 이것이 다석의 당대 정치 비판의 요지였다. 한글 시 옆에 같은 뜻의 한시가 적혀 있다.

**4) 참말로 일흔 얼** 『다석일지 1권』(1960. 5. 3.)

> **참말로 일흔 얼**
>
> 낯낯(顔)낯인(低) 낯에(晝) 낯허드는(自賤虛擧) **얼** 빠진 낯앞에
> 얼골얼골(容) 또 얼골 또 **얼**골에서 **읠**(神)이나와,
> 핀(血)말로 빈쓴가늠대ㄹ(濫用權柄) 바로 놓게 ㅎ얏다.

누차 말했듯이 다석은 이승만 정권에 대해 혹독한 비판자였다. 오늘 글은 4. 19혁명이 일어난 지 이십여 일 지나 썼던 글(일지)이다.

다석은 이승만 독재에 대한 학생들의 혁명을 영/육의 대결이라고까지 언급했다. 그는 자기 잘못을 알지 못하는 철면피, 권력에 취한 저속한 낯짝, 밝은 대낮에 저열한 얼굴 쳐들고 사람을 속여먹는(부정선거) 이승만 정권을 비판했다. 반면 4.19혁명을 얼의 골짜기, 얼골(容谷)에서 얼힘(神)이 나오고 또 나와서 철면피, 얼빠진 권력과 맞선 것으로 보았다. 피를 흘려가며 외친 말, 이들 정신으로 '빗쓴가늠댈', 즉 빗나간 권력(정권)을 바로 잡을 수 있었다고 평가한 것이었다.

지금, 아련해진 우리 역사, 4.19를 이처럼 부패와 정의의 대립 차원을 넘어 정신과 물질, 영과 육, 낯짝과 얼(골)의 시각에서 조명한 다석이 새삼 그립다. 목하 경험 중인 이 시대의 검찰 독재 역시 과거의 그것과 다를 바 없기에 더더욱 그러하다. 헌재에서의 탄핵 인용 이후 내란 척결을 위해 이 땅의 얼골의 힘이 모아질 것을 기대한다.

5) 다실일 뉘볼가 『다석일지 1권』(1960. 9. 19.)

다실일 뉘볼가

일일어 벌떼일듯, 어질엄 가랐히잔 또일!
숫(ㅅ)일 = 실이 날발(經正) 씨옳(緯直) 날실나이(經綸庶績)

곧다곱아!

막서리 웃은못된채 (볕)실(궂)실 않맞아…

더럼나서 깨끗키며 뫕시먹고 옳게 살가?

못된버리 둙 바로며 잘못돌고 죽잖을가?

죽을써 제 심는 년놈 다실일다ㄴ 뮟말고?

매우 어려운 한글 시다. 허나 오늘을 보게 하는 정치 비판이 담겼다. 다석
하면 떠오르는 '얼숨'은 정치 현실 비판과 결코 무관치 않다.

한글 시 제목, '다실일 뉘볼가'는 '다스리는 일을 어떻게 볼 것인가?'로 풀
수 있다. '엉터리 정치인들 꼴을 어찌 봐야 하는가?'로 이해해도 좋겠다.

다석에게 정치, 곧 다스리는 일은 직조, 즉 실을 짜는 일로 비유된다. 실
을 짜는 '다실일'이 곧 정치이다. 실로 천을 짜 사람들에게 옷을 해 입혀 몸을
따뜻하게 하는 것을 정치라 했다. 따슙게 하는 일이 다스리는 일인 것이다.

이렇게 되지 않으니 일들이 벌어진다. 민란이 생기는 것이다. 벌떼 일 듯
생기는 백성들의 저항은 아무리 가라앉혀도 거듭 또 일어난다. 이럴 때 정치
는 솟난 사람, 자기를 옳게 세우는 사람이 해야 한다. '날실나이'란 말이 이를
적시한다.

찬 서리를 막을 수 있는 옷을 만들지 못한 못된 놈들이 벼슬을 하고 있으
니 걱정이다. 더러운 짓(궂실)만 골라 하면서 정치한다고들 떠들어대고 있
다. 더러운 일을 앞서 하는 자들이 나라를 깨끗하게 하겠다는 말처럼 거짓된

게 없다. 다른 사람들의 재물을 탐내 자기 것으로 만들면서 옳은 세상을 만들 수는 없다. 땅 투기 주가 조작 등 못되게 돈을 벌었기에 나라가 잘못 돌아망가지는 중이다. 이렇듯 죽을 씨를 심는 '인간들'이 정치를 하고 있으니 도대체 정치, '다실일'이란 무엇인가?

여기서 그 인간들이 누구일지 궁금하다. 용산에 사는 부부가 생각난다. 살쩐 희멀건 면상, 거짓으로 꾸민 낯짝—이 모두는 얼굴과 대비되는 다석의 용어이다—을 갖고 구중궁궐에 앉아 있는 이, 과연 누구겠는가? 다스리는 일은 오로지 솟난 사람만이 할 수 있는 법이다.

6) 말씀저울 『다석일지 1권』(1960. 7. 30.)

말씀저울(言權)

하늘땅에 뭇몬사이 사롤가늠 사름이 갖,
무겁고나! 님 닐므리 잘못 지단 허리다침•
몬 늠이 그러찮아온? 저울잡의 말아니!

오늘 한글 시는 '말할 권리가 누구에게, 어떤 사람에게 주어져야 하는가?'를 묻고 있다. 앞서 소개한 글들처럼 다석의 정치의식을 보여준다.

하늘과 땅 사이, 천하 만물 중에 유독 뜻을 판단하고 말씀을 찾아 전하는 권리는 오직 사람의 몫이다. 머리 위에 하늘을 두(이)고 살기 때문이다. 하늘 뜻을 받들라고 직립한 존재가 된 것이다. 그러나 보통의 사람들, 일반 백성들은 무거운 하늘 짐을 지기가 쉽지 않다.

버거운 짐을 지다가 허리를 다칠 수 있는 탓이다. 지쳐 쓰러지는 삶이 일상이다. 정치가들은 이런 백성을 허물이 크다고 꾸짖고 나무라며 함부로 대한다. 하지만 가당치 않다. 정치가들이 제대로 자기 짐을 지면 백성들 허리 다칠 일이 없다. 권력자들이 제대로 하늘을 머리에 이고 그 뜻을 좇아 살면 백성들 삶은 순조롭다. 하늘도, 백성도 문제가 아니다. 저울대 잡은 특권층이 언제나 문제이다. 하늘과 백성에 대해 책임지는 자들만이 말할 권리(言權)가 있다. 修身없이 治國만 하려는 자들은 정치할 자격이 없다.

### 7) 잡힐 羊떼를 먹임(스갈야 11장 4절)『다석일지 2권』(1962. 5. 6.)

> 잡힐 羊떼를 먹임
>
> 업치락뒤치락 품아시로 엇바꿔 돌려댐
> 처 뫽여 • 척드러 • 드림 물려 먹고 삶 지쳐 됨!
> 도라감 더큰 둘레로 나남너듬 ㄹ ㅣ 음!!

스가랴서(스갈야) 본문은 민족 멸망을 예고하는 무서운 글이다. 62년 5월 6일은 주일이었다. 이날에 다석은 무슨 마음으로 위 본문을 택해 말씀을 전했던 것일까?

먹고 먹히며 엎치락뒤치락 품앗이하듯 엇바꿔 돌려먹는 비인간적인 종교 현실을 적시했다. 양 떼를 살찌워 잡아 제물 바치고, 바친 제물을 나눠 먹고 다시 팔아서 하늘에 감사 제사 지내는 당대의 사제들에 대한 비판이겠다. 지나친 예배가 오히려 독이 되고 해가 된다는 뜻이 담겼다. 자기 민족을 잡아먹힐 양에 비유하며 하느님 자신도 백성들을 아끼지 않겠다고 말씀했다. 백성을 귀하게 여겨야 할 제사장들이 사람을 이용하여 자기 배 불리는 현실에 대한 분노의 표현일 것이다.

당시 제정일치 시대인만큼 종교 행위는 곧 오늘의 정치였다. 시간, 공간 그리고 인간을 도적질하는 것을 예나 지금이나 정치 및 종교 이름으로 지속하고 있다. 알맞게만 하면 문제가 없을 터인데 도대체 아낌이 없고 '실컷'과 '대충'이 대세인 탓에 종교와 국가는 무너질 수밖에 없다. 백성들이 탈진하는 까닭이다. 어느 시대를 막론하고 종교와 국가가 할 일은 '나너' 없이 다투지 않고 서로 나누며 하나(온) 되는 길을 가도록 하는 데 있다. 나는 남아서 나고 너는 나를 넘었다 하여 너인데 '나너'가 서로를 드려 하나 되게 하는 것이 종교이자 정치의 본질이다. 종교와 정치는 대동(대동)을 목적한다.

# 10. 부자유친/부부유별

1) 돌심 『다석일지 3권』(1974. 9. 8.)

돌심

ㅇ름 ㅇ틈시소리른 : 스름 시름 : 스름시

물끄러미 보면서 목마를게 없ㄷ면 올ㅎ고?!

물직주 픽는 ㅂ름에 ㅇ름올이로

딤 플며?!

『다석일지』가 1974년 10월 18일에 종료되니까 윗글은 거의 끝자락에 쓰인 것이다. 이렇듯 마지막 부분에서 다석은 아내(안해)에 대한 글을 남겼다. 다른 글에서는 쉽게 찾을 수 없는 '?,!' 표시도 두어 차례 했다. 돌샘(石泉)은 선생 부인의 호다. 평생 그녀만 사랑했기에 제목을 돌샘'만'이라 붙였다.

부부관계란 마음으로 통하는 알음알이의 상태이다. 그런 부부 사이에서 자녀들이 태어나는바, 그 아이들 소리를 틈새 소리라 말했다. 마음이 통하는 남녀가 있고 자식의 소리가 차고 넘치는 가정은 행복할 것이다. 하지만 다석은 되묻는다. 남녀 간 알음알이, '자식들 틈새 소리에 취해 부족한 것 없다고 말하는 것이 과연 옳은가?'를. 자녀들이 이런저런 재주 피우고 알음알이로 서로 위로하고 받는 일, 곧 마음 푸는 일은 가정에 있어서 소중한 기초임은 틀림없다.

그러나 이보다 더욱 근본적인 알음알이가 있고 더욱 근본의 틈새 소리가 있는 법이다. 부부, 남녀 모두 하느님을 아는 일, 자신 속 바탈을 깨우는 일을 우선시해야 한다. 이 일을 위해 다석은 부인과 38세에 남녀 관계를 끝냈다. 소위 解婚을 한 것이다. 부부가 서로 바라보면서도 욕망을 일으키지 않았다. 부부 관계보다 부자 관계를 더욱 근본이라 여긴 결과였다. 여기서 말하는 부자 관계는 가부장적 체제를 뜻하지 않는다. 근원적으로 하느님과 예수의 관계, 아들 예수가 위로 솟나 하느님과 하나 된 사건, 글이 서는 일(그리스도)을 적시한다. 이런 관점에서 다석은 부자유친이 부부유별의 원초적 근거가 된다고 말했다.

## 2) 보롬봤습 『다석일지 3권』(1973. 12. 24.)

### 보롬봤습

인젠 닉겐 예서 브턴 더더 떤던 보롬을봐!
ㄱㄱ ㄱ끄이 ㄱ 오오 옹글게 오와 데계 듬!
ㅇㅂ디 뫼신 ㅇ둘ㅣ 보롬봤습

이제부터 나는 더욱 떳떳하고 보람 있게 살 수 있다. 하느님(데계)께 가까이 다가서서 아주 충실(옹글)한 상태로서 나 자신을 찾고 얻었기 때문이다. 마치 태양 빛을 향해 나무가 자라다가 스스로 태양 닮은 둥근 열매를 맺듯이 말이다. 아버지를 자기 안에 가득 모신 아들은 옹골차고 힘이 있으며 두려움이 없다(自性自足). 이것이 바로 그리스도 신앙인바, 다석은 이를 일컬어 父子不二, 父子有親이라 했고 모든 것의 근간으로 삼았다. 아버지를 모신 아들의 보람을 이렇게 표현한 것이다. 전통유교가 말하는 조상으로서의 아버지(父)를 넘어 하늘까지 이른 것이다.

## 3) 어구 어머니 『다석일지 2권』(1967. 11. 2.)

어구 어머니

나 : 지? 너 : 니! 아마?어뵈! 아ᄇ지 : 어ᄆ니 : ᄅ네
닉다주고 오다 ᄀ되 먹고 누니 끈이스리
그누다 싸뭉개임은 쏭쏭 쌓쏭
어머니

아 아버지

똥오줌도 잘 바다 닉는 : 어머니가 계시면.
몬지 티끌 피고름 송장딱지 다치우는 : 쌍
울어러 아ᄇ지계만 믿 • 바람을 ―부치리―

어구머니, 어머니는 멀다는 뜻이다. 거리상이 아니라 하는 일에 있어서이다(色 자체를 멀리하라는 뜻도 담겼다). 잘 생각해 보면 어머니가 아니라 아버지가 중요하고 순서상으로 먼저이다. 인생은 아버지(허공)로부터 받은 것을 세상에 모두 내어주고 다시 그곳으로 돌아가는 것인데, 바탈을 품은 몸 때문에 끼니(끊었다고 먹는다는 뜻)를 먹고 마시고 싸는 일을 지속하며 살 수

밖에 없었다. 이것들을 받아주고 받아내는 땅(대지)을 어머니라 불러도 좋겠다. 어머니는 몸의 찌꺼기를 받아 치우는 존재이지 아버지처럼 우리들 속알(바탈)을 받아주는 존재가 아니다. 똥오줌을 받아주는 어머니, 먼지 티끌, 피고름, 시신을 치워주는 대지가 있는가 하면 마음과 영을 받아주는 하늘 아버지가 있다. 우리는 거기 계신 그분 존재를 믿고 바라며 거듭 힘써 올라가야만 한다. 그렇다고 어머니, 땅의 일이 결코 하찮을 수 없다.


4) 춤흔 옴! 그리우어 『다석일지 2권』(1969. 3. 23.)


춤흔 옴! 그리우어


탕흔딜 차지한 '잇',=몬이란, 몬=잘몬은, "숳"!
요히 모든 몬을 다드린 뷘탕야
춤흔"욿"!
그리운 춤흔욿 : 따름: 모도모달 헌칠히!


참, 진리와 하나 된 어머니가 그립다는 것이 위 시의 제목이다. 노자 도덕경의 사고와 생각이 같았기 때문인 듯싶다. 여기서는 '숳'(남성)보다는 오히려 '욿'(여성)을 높이 평가하고 있다. 아니 허공을 진리와 하나 된 여성적인 것으로 본 듯싶다. 우주의 대폭발(빅뱅) 이후 사방으로 물질이 흩어져 허공 곳곳에 그들이 자리(공간)를 차지하게 되었다. 이런 물질들은 모두 남성적이다. 반면 고요하게 이들 물질을 두루 포용하는 허공(빈탕)을 모성적이라 한 것이다. 진리와 하나 된 이런 어머니를 그리워하고 따르면 존재하는 모든 것이 밝게 빛날 수 있다. 그렇기에 다석이 강조하는 부자유친을 오늘의 페미니즘 시각에서 비판하는 것이 능사가 아니다.

5) 스룽 『다석일지 2권』(1966. 7. 11.)

## 스룽

멀고 먼딘분 : 이라며, 남 남끼리 : 올빈없이
가까히 더 가까이 아주 ᄒ나처럼 : 됐으믄?
ᄒ다니! 의쩜 일가나? 나도몰라 이럴 : 준!

내나 • 게나 첫 번할땐 : 그리 되게 만련이고!
다시 두번 : 이라거나? 번번덧덧 : 이란딕믄?
어즈버 그거샤 말로 틀린 뉘라 : ―아닐가?

여기서 제목이 된 '사랑'은 남녀 관계의 차원에서 살필 주제이다. 사람은 누구나 처음은 낯설다. 남남인 탓에 서로 알 생각조차 하지 않는다. 그러다 친해지면 아주 하나가 되고자 한다. 남녀 관계의 경우 말할 것도 없이 그러하지 않은가? 나나 너나 사람이라면 생식 본능 탓에 남녀로 만나서 한때 그리될 수밖에 없을 것이다. 그러나 이 일이 계속 반복, 지속되어 버릇이 될 경우, 이것은 본능을 넘어 失性했다고 말할 수밖에 없다. 생식 후에는 하나 될 생각을 않는 것이 자연의 이치이기 때문이다. 남녀 관계로 자연을 잃고 가여운 인생이 되고 만 세상살이(뉘), 이것은 잘못된 것이다. 색맛을 탐하지 말고 뜻맛을 찾는 일에 남녀가 협력해야 한다. 다석이 부부유별을 부자유친보다 순서상 나중이라 본 이유가 바로 여기에 있다.

6) 어머니 『다석일지 3권』(1973. 5. 2.)


어머니


ㄴ 안인늠 남 안인ㄴ. 늠츰늠. 멻이 츰멻이

어 : 츰멻이ㄱ! 어머니른 믈슴! 머니 먼이 멻?

ㅇ아멘 ㅇㅂㅇ들이 ㉿ 홉을……

앞서 말했듯이 다석은 어머니를 '어! 머니' 즉 아이구 멀다고 말했다. 우리는 일반적으로 내가 아니면 남이라고 부른다. 남이 아니면 나인 것이다. 표면이 살갗인 몸을 기준으로 안/밖, 나/남을 나누며 살아왔던 것이다. 그러나 다석은 남을 나의 완성이라 생각했다. 프랑스 철학자 레비나스의 말대로 타자를 나의 초월로 봤다고 해도 좋다. 남을 자기화하지 않고 남을 통해서 못된 나의 부족을 성찰하고자 했기 때문이다.

정말로 남이 나와는 상관없는 멀고 먼 남인 것인가? 그렇지 않다 정말로 멀고 먼 이는 어머니이다. 다석의 이 말이 많이 낯설 것이다. 통상적 어머니 이해와는 많이 다르다. 왜 어머니를 그렇게 멀다고 말해야 했을까?

우리는 모두 어머니에게서 나왔다. 바로 그 때문에 멀어져야 한다. 그에게서 멀어져야 아버지(계)에게 갈 수 있기 때문이다. 어머니로부터 몸을 받았으나 아버지에게 갈 때는 몸을 벗고 가야 하는 까닭이다. 속알(얼)로서만 계계에 들 수 있다. 어머니의 자식 사랑은 끝이 없다. 하지만 그것은 몸을 주신 사랑의 연속이다. 여기서 어머니는 땅 적인 것, 몸과 의미가 같다. 논란이 될 여지가 없지 않다. 그럼에도 다석은 말숨을 쉬고 살려면 어머니로부터 멀어져야 할 것을 강조했다.

그때 비로소 우리 인간은 하늘 아버지(허공)와 하나가 될 수 있다(父子不二). 우리가 하느님 아들 되면 남이 남일 수만은 없다. 모두가 한 분 하느님을 찾아드는 형제자매일 뿐이다. 인간은 누구나 허공의 자식들이다. 그렇기에 결코 남이 될 수 없는 법이다.

7) 포종고지천원(抱終古之泉源)『다석일지 3권』(1973. 4. 23.)


포종고지천원(抱終古之泉源)


옛날 맨꼭대기 샘바딜 꼭껴잡은들 뭐냐

도라가온 어머니론 밀어성근 십뜻밧게

계계신 아봐뫼신속 아달한분 이시로


아주 오래된 샘의 원천을 꼭 품는다는 것이 위 한문의 뜻이다. 여기서 오래된 원천적 샘물은 어머니, 어머니 사랑을 적시한다. 허나 태곳적부터 영원한 사랑의 샘물인 어머니, 그 존재를 꼭 붙잡아 껴안는 것이 어떤 의미와 유익이 있는지 모르겠다. 이미 돌아가신 어머니는 내게서 멀다. '싶뜻'은 몸을 낳은 어머니의 사랑의 한글풀이다. 다석은 자연을 '속뜻'이라 하고 학문을 '선뜻'이라 했다. 그런데 어머니에게는 십뜻밖에 없지 않은가? 어머니는 몸, 땅의 상징인바, 자식에 대한 욕망과 나눠 생각하기 어렵다. 정말 그런지는 토론의 여지가 있다. 어머니에게서도 '선뜻' 배울 수 있기 때문이다.

여하튼 허령지각(虛靈知覺)의 존재, 다시 말해 허공이신(없이계신) 하느님 속에 이르려면 우리도 예수가 그랬듯이 허공, 말씀의 아들 되는 길밖에 없다. 여기서 아들은 가부장적 언어이긴 하나 생물학적 존재와는 무관하다. 예수 그리스도가 아버지를 알고 그와 하나 되는 길(십자가)을 갔던 것, 즉 부자일체(有親)의 길을 다석은 자신의 인생관으로 삼았다.


## 8) 닐름속 뎨계서 『다석일지 3권』(1973. 11. 3.)

<br>

**닐름속 뎨계서, 信仰告白**

물몸
 무리ㅇ들 씨알 없 몸 우리님 예수 사람식!
 닐리 오시ᄃ시니 계 계신 ㅇㅂ디 뜻으로!
 븐드시 그러실길 믿 뚱에 어미 어멀림!

<br>

제목 닐름속은 우리 속을 알리다, 말하다는 뜻으로 거짓 없이 참말 하는 것을 의미한다. 참말을 해야만 저 자신에게 떳떳하고 하늘 얼에 이를 수 있기에 다석은 이 두 말을 신앙고백이라 풀었다. 바로 오늘 한글 시에는 다석의 신앙고백이 담겨있다는 셈이다.

남자를 알지 못하는 여인 마리아가 아기를 낳았다. 마리아의 아들인 예수는 씨알, 종자가 없는 처녀 탄생한 존재이다. 성령으로 잉태했다고 성서는 전한다. 이 말을 문자 그대로 믿어야 할지도 모를 일이다. 하지만 다석은 이런 예수를 '님'이라 고백했다.

이제 예수의 씨알은 하느님의 씨알, 성령이 되었다. 하느님 씨알은 말씀이기도 하다. 이 말씀이 사람 몸이 되신 것(사람새)이 예수란 말이다.

이런 예수는 인간으로 내려오셨고 하늘(계) 아버지의 뜻으로 그리되신 것이다. 하늘 뜻이 나타난 것이 예수다. 이런 예수는 하늘을 이 땅에 구현한 존재로서 땅, 곧 어머니로부터는 아주 멀리 이격되었다. 우리 역시 어머니로부터 멀어지고, 식색으로부터 자유케 되어야 한다. 다석에게 있어 이런 신앙고백이 부자유친을 부부유별보다 앞선 가치로 여기는 근거이자 토대였다.

### 9) 하늘 땅 처로 같이 달리 『다석일지 1권』(1956. 10. 28.)

하늘 땅 처로 같이 달리

불고 맨지고 안고 없고 품에 품어 길럿서라
이제는 진저리친다. 대면 다친다 입도 손도 살도
때 따러 하늘 땅 다리 올타외다 되니라

제목에 표기된 하늘 땅은 남과 여로 달리 부를 수 있다. 이 둘은 같으면서 다르다는 것이 제목이 지닌 의미이다. 어린 시절 살과 살을 맞대며 남녀 구별 없이 애지중지 키웠고 그 사랑으로 우리 모두 자랐다. 하지만 성장했고 어른이 되었기에 옛처럼 쉽게 살붙이고 사는 것을 좋아하면 어려움이 크고 많다. 가능한 남녀는 가까이 않는 것이 좋다.

하늘과 땅은 같으면서 다르다. 남녀도 마찬가지다. 하늘/땅, 남/녀는 평등하지만 때(時)에 따라 차이가 있다. 같지만 때가 다름을 만든다. 어릴 때와 어른일 경우가 다른 것이다. 옳고 그름은 때와 터와 사람에 따라서 달라질 수밖에 없다. 때와 터와 사람에 의해 선악이 구별되는 법이다. 마치 하늘과 땅이 구별되듯이 말이다. 다석이 살던 시기(때)는 인구 과잉을 걱정하던 때였고 지금은 인간성이 본성을 잃고 있으니 다석 생각이 인습적이며 틀렸다고만 말하기 어렵다. 본래 남녀, 하늘땅은 그저 하나였다. 하지만 때에 따라 구별하는 것 역시 틀리지 않는다.

# 11. 죽음

1) 더 그룩 불 혈란듸 『다석일지 1권』(1958. 12. 23.)


더 그룩 불 혈란듸


이제 바로 살와살와 죽는 일은 잘 알(고) 살며,

있다가서 죽는다면 새삼스레 싫죽홀가.

삶불을 끄란 줄 알먀 더 그룩 불 혈란듸.


위 한글 시의 제목, '더 그룩 불 혈란듸'는 더욱 거룩한 불을 켜겠다는 것이다. 죽음은 불이 꺼지는 것이 아니라 더 밝은 빛을 내뿜는 것이라는 말이다.

바르게 지금껏 잘 살아온 사람이라면 죽는 일도 걱정 없다. 잘 살아왔듯이 죽는 일도 잘 알 것이다. 죽는 일이 별개던가? 살다가 죽는 것은 당연한 일이다. 바르게 사는 것이 바르게 죽는 길이다. 죽음을 새삼스레 싫어하거나 두렵게 여길 필요 없다. 죽는다는 것은 몸의 불(살불)을 끄는 것이 아니라 그것을 더욱 밝히는 일이다. 지금까지 산 것도 진리를 밝히기 위한 것이었듯이 죽어도 진리를 드러내기 위한 것이다. 죽음으로 진리가 더 밝아질 수 있다. 인생은 죽음으로부터 시작하는 법이다. 삶과 죽음 사이에 단절만 있지 않고 연속성도 필시 있다.

### 2) 실컷 따위 말 조히 한 얼줄 『다석일지 1권』(1956. 10. 13.)

실컷 따위 말 조히 한 얼줄

네 속 얼마만치 치어노코 네 바람 얼마만티 맞고 갑기
네 실컷을 네어 결고 네 꿈틀거림을 재솟는단 말가
시픔아네에민 시쁨시름 손자보더냐

이날 이때 껏 조히조히 왔으니 조히조히 고맙습
여긔 이제껏 나, 남, 그, 저 조히조히 넘나든 근데
거시기 꺼지기랄델 본적업셔 호노라.

위의 시에도 죽음에 대한 다석 견해가 담겼다. 지금껏 조심스럽게 정성을 다해 살아왔기에 그 삶이 고맙고 감사하다는 것이다. 앞서 말했듯이 고맙은 충분하니 이제 그만이란 뜻이다. 다석은 '실컷'과 '대충'이란 말을 아주 싫어했다. 조히조히가 실컷과 뜻이 동이 서에서 멀듯 다르다. 우리 인생에서 '실컷'은 잘못된 말이다. 욕망(시름)에서 근심과 걱정이 생기는 것이니 마음을 비워놓고 희망(바람)의 하느님을 붙잡고 살아야 한다.

여긔는 지금 여기이다. 내가 존재하는 유일한 시공간인바, 여기를 떠나서는 '나'란 존재가 없다. 이제는 이어이어 내려온 곳, 하느님 말씀이 끊이지 않고 지속된 현재를 말한다. 여기와 지금은 모두에게 영원한 현재이다. 나, 너, 그, 저의 차이가 없다. 지금 여기에서 우리는 참나를 찾아야 한다. 이것이 가온찍기, 가고 오는 시간 세월에서 솟난 존재가 되는 길이다.

거시기란 '실컷'을 추구했던 삶이 한순간 사라지는 어느 막연한 지점이다. 뭐라 명확하게 지칭할 수 없을 때 사용된다. '실컷'을 추구해 온—그것이 돈이든 명예든 식색이든— 삶은 모래 위에 지은 집처럼 헛되이 허물어진다. 이런 사람에게는 죽음이 두려울 것이다.

하지만 인생을 조히조히, 조심조심 살아온 이들에게 죽음은 단지 삶에서 배를 갈아타는 것에 불과하다. 나와 남, 그와 저 사이에서 마음을 다해 없이 있듯 살았다면 천국 하늘나라가 이미 저희 것이다.

## 3) 있다간 없다를 생각 『다석일지 1권』(1959. 1. 2.)

있다간 없다를 생각

精蟲 卵子 善男 信女 이말 듣고 分辯ᄒ소
있는 것이 가친 거요 없는 것이 뇜된 줄을.
개굴인 올창서 뇄음 이엔 몿이 가쳤나.

난자, 정자가 만나 태아가 만들어진다. 이 둘이 만나 14일 이후에는 하나의 생명체로 인정받는다. 이로부터 열 달 지나면 세상 밖으로 나오는데(出生), 이를 해방이라 일컫는다. 어머니 태내 열 달은 아직 生 이전이고 해방이라 부르지 않는다. 어머니 몸과 분리되는 순간 그것이 출생이고 해방인바, 이 순간은 태아로서의 生이 죽은 것이다. 이렇듯 삶과 죽음, 생과 사는 늘 함께 있다. 그렇기에 다석은 선남/선녀들에게 이 세상이 마치 어머니 태내와 같음을 알라고 했다. 이 세상에 있는 것이 갇히고 닫혀있는 태아의 상태란 것이다. 올챙이로 머물면 개구리가 될 수 없다. 이 세상을 떠나는 것이 출생이요 해방이다. 몸을 벗고 세상 밖으로 나오면 무엇에든 갇힐 것이 없다.

그래서 옛말로 '一道出生死'라 했고 '인생은 죽음으로부터'란 말이 나왔다. 우리 죽음은 일종의 변화일 뿐이다. 모든 것으로부터의 자유와 해방의 길이다. 그럴수록 죽어도 죽지 않는 인간 주체, 바탈(속알)을 찾아 키워내야 한다. 성서가 말하듯 '이제는 내가 사는 것이 아니라 그리스도가 내 안에 산다' 고 고백하는 것이 필요하다.


## 4) 볼힐 선듯 선듯이 『다석일지 1권』(1959. 1. 2.)


볼힐 선듯 선듯이

참믐야, 꼭 죽을 땔 맞안 거침없이 죽자ㄴ데!
날마닥 때 맞안 살 일에 몸서리며 몸사릴가?
몬바탈 게름만 일깨 볼힐 선듯 선듯이


꼭 죽을 때를 맞아 거침없이 죽어 아주 없어지는 것이 마음, 참마음이다. 날마다 때맞추어 사는 일에 몸과 마음을 아끼면 되겠는가?

매일 죽고 매일 사는 일에 우리 몸이 쓰일 수 있어야만 한다. 이는 몸이 죽고 마음이 사는 일이다. 몸 줄여 마음 키우는 일이 매일 죽고 사는 삶이다. 이처럼 몸(탐진치) 죽여 마음 살리는 일에 집중하며 사는 것이 인생이다. 물질인 몸의 타성에 이끌려 계속 몸으로만 살려는 게으름(게름)을 그치고 그날을 그날로 끝내는 죽는 연습에 익숙해야 한다. 그래야 진짜 죽는 날이 쉽다. 볼 일을 기꺼이 보고 거침없이 죽는 것이 인생이다.

5) 꼭대기 『다석일지 1권』(1959. 11. 30.)

꼭대기

죽는다면 야단법석이지만! 설죽는다게?
꼭 죽는다면 스르를 가라안질 것이 안야?
이 길엔 볼일 다 보고 제자리로 가 뉠걸?

죽는다고 모두 야단법석을 떤다. 그러나 그들이 정말로 죽은 것일까? 그렇지 않다. 모두 설익은 죽음뿐이다. 충분히 익지 못한 채 떨어지는 과일처럼 그렇게 말이다. 진짜 죽는 사람 찾아보기 어렵다.

잘 익어서 죽는 사람은 결코 야단법석 떨지 않는다. 꼭 죽을 것을 아는 사람은 잠이 오듯 스르르 마음을 내리며 눈감을 수 있다. 자기 볼 일, 할 일 다 마치고 죽는 사람은 마음이 편할 것이다.

위 한글 시 제목처럼 다석은 죽음을 꼭대기로 풀었다. 자신을 하느님(허공)께 꼭 대는 것을 죽음이라 했다. 그렇기에 죽음은 인생 최고의 사건이다. 없이 계신 그분과 하나 되고자 하늘 길 오르는 것이기에. 야단법석 떨 일이 없다. 잠들 듯 그 자리에 이르면 될 뿐이다.

6) 나있다―나없다 『다석일지 1권』(1960. 12. 5.)


나있다―나없다


나있다

몲에

몲 있다

몸에

몸있다

따에

따있다

빟에

있않 안있

없밖 밧없


나없다

않에없, 밖에없

나는 나그네

빟 건넬 나그네

몲은 「날개」, 몸은 「배」

따는 '빙건니', 엄배일 됨따름

삶이 뉘라 나라면서 따만 따르며 집터믄 몸 때믄흐고
트러백혀만 있어서 못먹을 몸만 집어먹으려다 한꼬믈 티끌로
하나-빙-
옹로 계셔-
흔 ㅇ 빙앞.
알론 떠러진 따에 따라 닳진지라 거슬러 옳을 우리는
ㅇ들로서 계계도라 근
참말로 옳을 '뜻'을 몸날개에 태워 띠우므로만
나는 나그네로 뭣에구 잽혀 있을수도 없는 참나라다.
나 다시 살-나. 다시 다시 살, 늘어 늘, 나 예 있다!

아주 긴 한글 시이다. 하지만 뜻풀이는 쉽다. 나는 마음(정신) 속에 있다.
생각하는 것이 나다. 마음은 몸속에 있고 몸은 땅에 속했다. 이 땅은 어디 있
는가? 허공 속에 있다. 있는 것은 안이고 없는 것은 바같이다. 허공(마음)은
없고 그 속의 땅(몸)은 있다.

나는 없다. 안에도 밖에도 없다. 오로지 길가는 나그네일 뿐이다. 마음을
날개로 몸을 배 삼아 '있'에서 '없'을 향해 가는 존재(산아이—사나이)이다.

땅에 붙어 있고자 몸 욕망을 따라 살면 티끌과 같은 가벼운 존재가 되고

만다. 죄악의 마음만 한가득 채우며 살 것이다. 하지만 하느님은 '빚'(허공)에 계신다. 이곳으로 오르는 것이 사람의 할 일이다. 계계로 돌아가는 것이 죽음이다. 그러나 이때 죽음은 부활이기도 하다. 땅으로 떨어지지 않고 계속 위로 오르는 나는 부활할 나, 영원히 살(늘어 살) 나이다. 그런 나가 여기에 있다.


7) 뚱은 뜨뚱 흔울은 흐올흐올 우린 속올 『다석일지 2권』(1970. 9. 7.)


뚱은 뜨뚱 흔울은 흐올흐올 우린 속올

촟고츳즈 우러ㄱ며 겂고걸어 ㅂ릭온 길!
걷는 덧은 우리떠떠 고단흐믄 즘지풀림!
몬 넟어 굳진솔 그긂띤 물에 붙침 흙돼 뚱!


살면서 우리가 울고불고 찾고 찾았던 것이 무엇이었을까? 먼 길을 걷고 걸으며 바랐던 것은 어떤 것이었을까? 아마 위에 계신 임 하느님이 아니었겠는가? 왜 그렇게 힘들게 찾아 걸어왔을까? 우리 속알(바탈)을 찾았으면 즉시 되었을 것을.

이 길을 걷는 동안 시간은 흘러갔고 나이 먹어 고단했고 힘겨웠다. 그래도 이런 고단함은 깊은 잠(죽음)을 통해 풀 수 있으니 다행스럽다.

그러나 정말 걱정은 잊을 수, 잊힐 수 없는 달라붙은 우리 속 더러움(굳진 슬 굼띤)은 어떻게 씻어내야 하는가? 굳어진 살과 더러운 때를 물에 씻고 흙(땅)으로 되돌려 놓아야 한다. 때(시간)와 터(공간) 그리고 살(사람)은 땅으로 돌리고 우리 얼은 하늘로 오르고 우리가 애써 찾고 바랐던 열매(알)들은 세상에 놓아두고 가야 한다. 이것이 바로 죽음일 것이다. 몸은 흙에서 나와 흙으로 돌아가나(또 뚱) 한없이 큰 하늘(ㅎ 울)로 우리 속을 채워 죽음을 넘어설 수 있다.


8) 모름딕 미듬딕 『다석일지 3권』(1972. 1. 23.)


모름딕 미듬딕


돑 띠 돑 듸 돑 분들 : 계셧슬데 : 덧업시도 근,
됴혼 띠 됴혼 분, 됴혼 슬림, ᄆ침닌 : 뚱 : 떠눔!
둥으ᄅ 둥을듸로믄 빌고 ᄇ름
모름딕!!


제목은 '모름지기 꼭 믿음직한 것'이라 풀어 이해할 수 있겠다.

반드시 믿을 만한 것은 좋은 시공간과 인간이다.

그런데 이렇듯 좋은 시절, 좋은 곳 그리고 좋은 사람들 모두가 덧없이 모두 지나갔고 세상에 없다. 아무리 믿음직스러웠다 하더라도 때와 곳, 삶이 모두 땅과 이별한 것이다.

이렇게 보면 땅으로부터 떠나는 것도 모름지기 좋고 믿을 만한 것이 아닐까? 잘 떠날 수 있기를 빌고 바라는 것이 가장 좋은 일일 수 있다. 모름지기 이 세상을 떠나는 것이 슬픔 아니고 좋은 일인 것을 믿는 것, 이를 꼭 믿는 것이 우리 믿음이면 좋겠다.

9) 이제 죽! 인덴 뎨계!! 『다석일지 3권』(1972. 5. 23.)

이제 죽! 인덴 뎨계!!

인덴'ᄂ'도 '뎨''계''옌''늘' 흔을 : 알고.
우리 ᄯᅮᆼ은=떧듸!
ᄋᆞᆸ디여 : 우리ᄋᆞᆸ 어먼 먼듸-
고이듣-뉜?
ᄋᆞᆸ디 ᄋᆞ들이옵건 묵싴싴묵 호호오.
싴묵묵싴

나는 이제 죽어서 영원한 나인 계계에 들어간다. 시 제목인 '이제 죽! 인뎬 뎨계!'가 바로 그 말이다. 하늘에 계신 아버지 집에 간다고 말해도 좋다. 이 곳에서는 미래가 과거가 된다. 옛날(과거)과 미래가 왼통 하늘(한울, 한울타리) 속에 있기 때문이다. 시공간이 하나 된 곳이란 뜻이다. 그렇기에 우리는 이 땅을 안심하고 뜰 수 있다. 하여 다석은 다음처럼 기도한다.

하늘 아버지시여, 땅은 자꾸만 멀어지게 하소서. 세상을 사랑하지 않고 떠나가게 하소서. 우리가 하늘의 아들—독생자—이기에 땅에 붙어 살지 않고 하늘 속한 새로움을 주소서.

이렇듯 한울 속에 있기에 우리는 살아도 살지 않고 죽어도 죽지 않을 수 있다. 언제나 과거와 미래가 하나인 외통 우주 속에 있기 때문이다. 우리에 겐 영원한 오늘뿐이다. 오늘에서 영원을 사는 것이 죽음이다.

여기서 말하는 묵새묵새, 새묵새묵은 지금 여기서 땅이 아닌 하늘에 속해 살면 아무리 시간이 오래되어(묵어)도 늘 새롭(새)다는 뜻을 강조한 것 이다.

# 12. 말씀

1) 니러나면서 잡어 읊 『다석일지 1권』(1957. 1. 26.)


니러나면서 잡어 읊


'말씀'은 참. 사람이고 하늘도 되기 앞서

옛날부터 말씀일거요

므름(문제)은 빛깔 좋아히, 낳게 되고

맞드려 먹어 사는 사람 된 몬(物) 밑둥이, 까닭.

잔입에 말이 업시 묵은 므름 생각노라.

고디 가지기도 마디마디니

더욱더 고디 굳기 생각노라


잠에서 깨자마자 떠오르는 생각을 붙잡아 기록해 둔다. 진리, 곧 말씀은 옛

적부터 있었다. 사람과 세상 태어나기 전부터 존재했다. 태초에 말씀이 있

었던 것이다. 천지보다, 내 몸보다 말씀이 먼저 있었다.

그런데 문제는 食色의 욕심, 탐진치로 인해 몸이 생겼다는 사실이다. 부정할 수 없는 우리 몸속에 욕심이 붙어 세상을 거짓되게 만들고 세상(누리)을 어둡게 한다. 빛(色)을 좋아하게 되고 거듭 자손이 생기고 뜻보다 맛을 찾는 사람들이 많아진 것이 문제다. 그 이유는 우리 몸이 물질로 되었기 때문이다.

하여 다석은 이 문제를 풀고자 자고 난 맨입으로 깊이 묵언 수행, 생각에 돌입했다. 그가 답으로 내놓은 것은 고디와 마디였다. 고디는 몸의 욕망(色)을 줄이고 마디는 식(食)을 끊는 일이다. 맛과 색을 이겨서 자신의 본체를 회복시켜 말씀이 우리보다 먼저 있었다는 동서고금의 진리를 온몸으로 증언코자 한 것이다.

2) 眞理와 人間과 學問 『다석일지 1권』(1957. 3. 4.)

### 眞理와 人間과 學問

과학(관찰, 실험흔 것)을 설명하는 것이 말씀(人口才) 같으나 말슴(理存者)이 인간을 깨우셔 아는 것이 철학인 것 같다(말씀이 본존이오, 사용이 아닌 듯)

말씀이 사람을 맨드는 것이고, 사람이 말을 맨드러 쓰는 것이
도모지 아닌 것이다.


위 말씀은 '진리와 인간과 학문'의 상관성을 말하는 대목에서 나온 것인
데 다석 사상의 본뜻을 잘 드러냈다. 자연을 관찰, 실험하는 일은 논리적인
말(말씀)로 설명해야 한다. 반면 인간을 깨우치는 일은 하느님(理存者)이 하
는 것으로 이를 철학(말슴)이라 한다. 여기서 말슴은 요한복음에서 말하는
로고스와 같다. 말씀과 말슴을 동일시하지 않은 것이다.

물고기가 물을 살리는 것이 아니라 물이 물고기를 살리듯 말슴이 사람을
만드는 것이지 사람이 임의로 말을 만들어 제 것처럼 사용할 수 없다는 것이
다. 이것을 알 때 철이 든 것이다. 하느님을 먼저 알아야, 말슴이 제소리로 터
져 나와야 인간은 제구실을 해낸다. 그때 비로소 이웃도 자연도 제 몸처럼 사
랑할 수 있는 법이다.

## 3) 참말슴 곧 한웋님 『다석일지 1권』(1959. 1. 3.)

참말슴 곧 한웋님

제 말에 제 느끼고 제 소리에
제 깨는— 참말슴!

외마디 말슴, 홑소리 긏이 사름을 울리는덴!

참말로 사름 제 흡나? 말슴이 그르 부렸습.

참말슴은 하늘(바탈)의 소리이다. 외마디라도 자기 속에서 터져 나와야 진실된 것이다. 자기 한 말을 듣고 놀라 깨닫게 될 때 그것이 참 말씀이다. 다석은 이를 제소리라 불렀다. 아무리 좋은 말씀일지라도, 그것이 성서건 불경이든 간에, 자신을 전율시키며 터져 나올 때만 거룩할 수 있다.

자기 말을 솟아오르게 하는 사람이 힘 있다. 그렇게 나온 말씀이라야 하느님(한웋님) 말씀이다. 내가 말했으나 말씀이 나 자신을 부렸다고 말해야 옳다. 허나 사람이 어찌 스스로 참말을 할 수 있을까? 계시란 이런 차원에서 쓸 수 있는 언어이다.

## 4) 가르침(敎學) 『다석일지 1권』(1959. 2. 11.)

가르침(敎學)

하늘이 ᄒ라ᄂ(되라ᄂ, 命)바탈, 그대로, 틀림없이,

가라고, 싶어져서, ᄒ는 말씀이 가르침(敎學)


말슴

그대로 된거이 말슴(참 誠)


말씀은 말이 서는(말슴) 것, 말씀대로 되는 것, 즉 말의 실천이다. 말씀이 참(誠)인 것은 그것이 사람을 살리기 때문이다. 말씀이 설 때(말슴) 사람도 설 수 있다. 자신 밖의 경전보다 '제소리'가 중요한 이유이다.

하늘이 사람에게 '하라', '되라' 하는 것이 있다면 '일어서라'는 말씀뿐이다. 그것이 사람의 본바탕이자 본성이다. 사람 본성은 하늘을 그리워하며 일어서는 데 있다. 일어서서 올라가도록 하는 것이 말씀이라면 그 일이 잘되도록 돕는 것이 교육이다. 하느님의 말씀대로 되는 것이 말슴, 곧 제소리를 내는 것(誠)임을 알아야 한다.

## 5) 촘몰숨: 두ᄆ디 『다석일지 2권』(1968. 8. 27.)

촘몰숨 : 두ᄆ디

맨꼭대기로 오를이의 목숨이 맨꼭대기 오!
맨꼭문이로 모디인데 : 지저분이 업ᄉ오
한웋님 우리말속에 이두마딜 두시앗!!!

하늘이 우리에게 주신 진리의 말씀 두 개가 있다. 맨꼭대기와 맨꼭문이.
맨꼭대기란 하느님께 꼭 닿기를 바라며 깨끗한 마음으로 하늘 길 가는 일
이고 맨꼭문이는 깨끗한 마음으로 꽁무니(욕망)을 꽉 막아버리고 지저분한
것을 없이하는 것이다.
맨꼭대기, 즉 하느님께 꼭 닿은 것이 생명이고 식색을 초월하여 욕심과
죄악이 없는 것이 진리이다.
우리 한글 속에 이 두 마디만 있으면 우리 민족은 구원에 이를 수 있다.
이 두 마디 외에 다른 말도 필요 없다. 이를 일컬어 진리와 생명이라 할 것이
다.

6) 빎 『다석일지 2권』(1970. 1. 5.)

## 빎

흔읗 목숨 돌리시니 흔목 물숨 바더스 ⚕ 킴!
말숨 받들(奉)어 사려 스리와 스리오리이다!
물숨님 밤낮 흔가지! 가닥질가? 두렵습!

빎은 기도한다, 기원한다, 빈다의 뜻이다. 하느님께서는 우리 목숨뿐 아니라 말숨을 돌리고 계신다. 목숨을 받아 육신이 살고 말숨 한 모금 받아 정신을 깨우며 살라고 한다. 그럴수록 하느님 주시는 말숨(⚕)을 단단히 받을 일이다.

하늘 주신 말씀을 받들어 생각하고 고르고 골라 제말(제소리)로 만들어 실천하며 살아가는 것이 말숨 받은 우리 사는 길(말슴)이다.

말숨은 언제나 동일하다. 내려오지만 동시에 오르기도 한다. 어느 한 방향만 있어도 아니 된다. 수증기는 오르고 비는 내리듯 우리들의 기도는 말숨 쉬기를 빌고 바라는 일이다. 내리기만 바라지 말고 말씀 붙들고 오를 수 있도록 빌어야 할 것이다. 오르고 내리는 말씀을 둘로 만들면 안 된다.

## 7) 웋에서 닐느신 몰숨 『다석일지 2권』(1970. 10. 29.)

웋에서 닐느신 몰숨 :

스룸은 쏭에 붙쳐 숨쉼으로 김속에서 힘을 븐고
힘씀으로 성기느니 콩팥저울듸를 꼭ㅂ로 잡고 근이로만이
드디어 살은 흙이라 쏭으로 도라가고 그 영근 알이야 웋로 솟느
옳으리란 몰숨.

땅으로 보내진 사람은 땅의 조건을 무시하며 살 수 없다. 그렇지만 땅 밖
의 현실에 코를 내밀고 호흡도 해야 한다. 땅에 있지만 자신의 근원이 하늘
에 있음을 생각하며 살아야 하는 것이다.

주신 말씀을 통해 힘을 받아 있는 힘을 내어 땅 밖의 삶을 그리워해야 옳
다. 이때 필요한 것이 말씀이다. 인간 본성을 바로잡고 하늘로 오를 수 있게
돕는 방향타이기 때문이다.

인간 본성을 끝까지 지켜 살면 육체는 땅에 묻히나 영근 속알은 하늘로
오를 것이다. 이것이 바로 하늘 주신 말씀의 핵심이다. 여기서 콩팥이 언급
된 것은 그곳에 힘의 근저로서 정(精)을 생산하는 단전이 있기 때문이다. 건
강한 육체가 준비될 때 하늘로부터 받은 기운(성령)도 힘 있게 사용할 수 있
다.

8) 한 말슴만 『다석일지 1권』(1957. 7. 12.)

한 말슴만

나는 남계
그리스ㄷㄹ 걸일

뉘나
홀린데서 버서나서
뚜려시 나슬 말슴.

이어이 (예)수ㅣ
뚜려시
하웋님 보시고
맨첨브터 내모신
아버지ㄹ 브르심 ·

나는 '이에 숨쉬므로 뚜려시 아달로
스룸 나이다'
말슴

하느님 말씀이 설(이뤄질) 수 있게, 말씀이 말씀 되도록 생명을 걸어야 한다. 정신이 혼미한 상태를 벗고 하늘 아들로 뚜렷하게 나서야 옳다. 내가 독립하여 그이( ᅵ )가 되고 말을 실천하여 말을 세우며(말씀) 살아야 한다. 이것이 그리스도의 길, 글이 서도록 하는 삶이다. 팽이가 돌려면 채찍을 맞아야 하듯 이어 이어 온 고난 속에서도 예수를 따라 말을 실천하여 살아야 한다.

예수가 태초부터 계신 하늘 아버지를 봤듯이 우리 역시도 말씀을 실천에 옮겨 하늘 아들이 되어야 한다. 십자가를 졌던 예수, 아들로서의 삶을 불살랐기에 그는 말씀을 서게 했다. 그래서 그는 그리스도가 되었다.

# 13. 생각

1) 슨손 『다석일지 1권』(1956. 9. 28.)

슨손

한웋(皇上)ㄴ ㅣ 들
한데(絶大地 )나가 맞나도다
이제
한늘(宇宙) 끝을 모르는 긋(末)이나
근(그는 • 웋에서 보면 그 근)
그들이 그 덜에 겨들어서
근트나(끝을 봐)
그제
긋
긏이

곶임
근 궂
근 궂
끝(大)이니
한늘 슨슨

슨산(슨사온)은 하늘의 아들, 하늘의 명을 받아 스스로 생각할 줄 아는 사람이란 뜻이다. 사람들은 누구나 하느님을 만나야 할 존재들인데 하늘과의 인연을 끊고 세상에 나가 사람을 만나면서 하늘과 더 멀어지고 있다. 하느님을 모르는 끝물(末)이 되어가고 있다.

이런 도상에서 인간이 할 일이 무엇일까? 자신이 하늘의 끄트머리인 것을 새롭게 자각, 생각하는 일이다. 비록 끄트머리지만 하늘 위에서 보면 인간은 根, 곧 하늘의 뿌리이기도 하다. 하여 세상(덜)에 살지만 그곳에서 터져 나와(근트나) 세상과 끝을 봐야 한다. 이렇게 생각하며 사는 것이 인간이다. 다석은 자신을 세상에 생각하러 온 존재라고 말한 바 있다.

거듭 말하지만, 인간은 하늘의 뿌리(根)이자 하늘의 끄트머리인 '곳'이기도 하다. 세상 속에 살지만 자신이 하늘의 존재(大)인 것을 생각하며 살아야 한다. 그래서 성서는 우리를 세상의 빛과 소금이라 말했을 것이다. 네가 누구인지를 잊지 말라는 것이다. 결국 生覺, 자신을 생생하게 느끼는 일이 중요하다.

## 2) 보아요 『다석일지 1권(1956.10. 29)

보아요(念在神在)

한월계셔 생각들히 사람보게 말슴나지
네 목굵에 얼숨 김이 긁져봐라 이승 즘승
사람도 어린적 노릇(버릇) 즘숭갓값 이승버릇

염재신재란 생각이 있는 곳에 하느님이 계신다는 뜻이다. 달리 말하면 하느님(영)이 계시기에 우리로 하여금 생각하게 하신다는 말이다. 생각이 우리를 지속적으로 사유케 하며 말을 잇도록 돕는다. 말로서 자기 생각을 전하는 것을 목숨과 달리 말숨 쉰다고 했다.

만약 우리 목구멍에 하느님 영(얼숨)이 끊어져 버리면 그것이 이승이며 저승이고 인간일 수 없게 된다. 어린아이 시절, 본능밖에 없던 시절과 조금도 다르지 않게 될 것이다.

한글 제목 '보아요'는 다시 생각해 본다는 뜻이다. 아무리 생각해 봐도 우리에게 '말씀'이 주어진 것은 생각하며 살기를 바라서일 것인바, 어린 시절의 일을 잊고 얼의 골짜기, 얼골을 이루어야만 할 것이다.

## 3) 한숨과 말슴 『다석일지 1권』(1957. 8. 2.)

한숨과 말슴

못쉬는 숨을 쉬는 이는 한숨이오
안쉬는 숨을 쉬는 이는 말슴이다.


사람은 한시도 호흡을 멈춰 살 수 없다. 그래서 쉴 수 없는 숨이 목숨(호흡)이다. 그런데 이렇듯 쉴 수 없는 숨을 길게 내쉬고 한동안 들이쉬지 못한 채 얼빠진 상태로 있는 것이 한숨이다. 비탄과 근심에 빠져 일시적으로 숨을 단절, 제한시키는 것이다. 한시적인 죽음인 셈이다. 그것 역시 일시적 죽음이라 말할 수 있다.

하지만 생각은 정신적 호흡이다. 코로 쉬지 않기에 안 쉬는 숨이라 표현했다. 정신적 호흡이기에 쉼이 없다. 정신적 호흡은 말씀을 읽고 생각하는 일이다. 우리 앞서 말씀이 있다는 것이 은총이고 그 말씀 따라 호흡하는 것이 인생이다. 말씀을 듣고 생각하길 반복하는 것이 정신의 호흡이다. 이렇듯 안 쉬는 숨을 계속해서 쉬는 이가 있으니, 그가 예수고 석가이며 공자였고 다석 자신이었다. 이런 호흡, 곧 생각으로부터만 행위가 나올 수 있다.

## 4) 생각홀 나위 『다석일지 1권』(1959. 7. 21.)

생각홀 나위

사름은 말슴 사름. 참 생각 찰여 살올 말슴.
죷, 언잖 일 보고 살다 죽되, 나위 있게스리.
삶은 나위 죽는 나위로 넉넉 생각 근이여

    사람은 말씀을 다룰 능력, 곧 생각할 힘을 지녔기에 사람이다. 언제든 정신을 차려서 말씀을 생각하며 살아야만 한다.

    살다 보면 좋은 일도, 언짢은 일도 생긴다. 죽기도 하고 살 수도 있다. 하지만 그 어떤 경우라도 상황을 초월(나위)하여 살 수 있는 힘과 가치를 지녀야 한다.

    사람 속에서 삶과 죽음을 솟나는 무궁한 말씀이 나올 수 있기 때문이다. 몸과 무관하게 말씀으로 사는 사람도 존재한다. 이런 사람을 일컬어 생각하는 존재라 말한다. 생각은 몸이 하는 것이 아니다. 대아(大我)의 호흡이라 말할 수 있다. 우리들 속 영의 활동이겠다. 속 뚫려 하늘과 소통하는 사람의 능력이다.

## 5) 차리 『다석일지 2권』(1966. 1. 16.)

차리

우르르지 아닐 수 업슴,
으저시 따르오니 생각,
착 ㄱㄹ안진 말슴스리,
착 ㄱㄹ안칠 씨알.

차리는 순서를 뜻한다. 매사에 처음 할 일과 나중 할 일이 있다는 것이다.

하늘을 우러르는 경천(敬天)이 으뜸이고 그를 따르려는 생각이 다음이고 골라진 말씀을 갖고 사는 일이 세 번째이며 백성들의 평화가 끝이다.

이를 달리 표현하면 하늘이 생각의 원천이고 내가 생각의 주체인바, 나로부터 말씀이 나와—제소리—그것으로 인해 많은 이들의 마음이 씨앗에서 생명 솟듯이 무성하게 된다. 그래야 백성이 편하고 나라가 안정될 수 있다.

6) 바다 보아라 『다석일지 2권』(1967. 4. 5.)


바다 보아라


물 : 너나 적신 뙤턱 새내 흘려 겿지다가 봐라

김 : 쉬어사는 말숨 ᄉ름따위 싫뜻이힐가? 나!

따져야 따로 히아릴 거시라곤 : 없서라.


물은 높은 곳으로부터 흘러 계곡에서 갈라져 저마다 강이 되어 마침내 바다가 되는 것을 볼 수 있다.

반면 김(호흡)은 쉬고 또 쉬면서 말숨으로 오르게 된다. 사람의 욕심(십뜻)이 이를 결코 방해할 수 없다. 물은 내려오고 공기는 올라가는 것이 자연 이치가 아니겠는가? 생각은 높이 오르고 또 올라서 하느님께 도달하는 것이 자연이다. 아무리 따로 생각해 봐도 다른 이치는 없다. 생각이 땅으로 떨어진다는 것은 내가 도무지 모를 일이다.

7) 敬而靜 靜而敬『다석일지 5권』(1968. 3. 22.)

敬而靜 靜而敬

우러러 곧고디 멀 둥글 옴글
고요히 가란자 삼가 무거며도


혼히 다석의 인생관으로 알려진 글귀이다. 머리를 하늘 위로 두고 하느님을 생각하며 마음은 땅속 깊은 곳까지 가라앉혀 일체 욕망의 불을 끄라는 말뜻이다. 다시 말하면 생각은 무한히 넓게, 마음은 한없이 굳게 하란 것이다. 생각은 하늘처럼 둥글고 원만하게, 마음은 고요하여 무겁게 하라는 뜻이다. 김흥호는 敬而靜을 一食으로 靜而敬을 一坐로 풀었다. 식색을 끊고(斷斷) 욕망을 줄이는 길인 까닭이다.

거듭 말하지만, 머리는 하늘을 생각하고 마음은 땅처럼 굳게 하자는 것이다. 생각은 거룩하고 똑바로 오르게 하고 뜻은 내리고 내려서 고요, 평안, 무겁게 하자는 말씀이다.

8) 옿리 『다석일지 3권』(1971. 1. 21.)

옿리

뎌뎨 : 더듸로 여, 예 : ㅣ듸로 그리옿며 싱긕!
싱긕 써 글. 그림 걸여 거림. 븊홀븊들 만믄!
두어라 뎌 뎨듸로여 ㅇㅂ ㅇ둘—우리는—
틀거듸 모디임—

 

 

저대로 자기 자신이 되어 보려고, 본래성을 찾고자 사람은 누구나 형이상
학적 욕망, 하느님을 그리워하게 되고 생각에 생각을 깊이 더하며 산다. 생
각을 글로 쓰고 그림으로 그려 존경받을 수 있도록 애쓰며 산다. 누구나 자
기만의 방식대로 아버지의 아들, 창조적 본성을 찾고자 하는 까닭이다. 자신
의 바탈을 받들면서 살면 된다. 이렇듯 옿리, 위로 오르는 것이 인간의 생각
이며 그리움의 표현이다.

틀거듸 모디임은 물고기를 잡고자 그물 치듯이 자기 본성을 찾기 위해 늘
준비하고 있으라는 뜻이다. 항시 기회가 찾아오기 때문이다.

# 14. 믿음

1) 무제 『다석일지 1권』(1955. 10. 26.)

무제

그리스챤은 제 살의 꿈틀거림을 보고 미듬이라 한다.

기독교인의 경우 자기 생명의 꿈틀거림, 즉 이상과 현실의 일치 혹은 바라는 것의 실상과 보지 못하는 것의 증거를 통일시킬 때 그것을 믿음이라 한다. 이 일을 위해 남이 한 번 하면 수십, 수백 번 반복해야 한다. 믿음과 행위의 갈등, 부조화란 있을 수 없다. 나를 바로 알면 하느님께 이를 수 있다는 것이 인간이 가질 수 있는 믿음이다. 불교식으로 말하면 돈오돈수적 성찰이라 말할 수 있겠다. 1955년 10월 26일 한시 끄트머리에 제목도 없이 한 줄로 적힌 이 시가 가슴을 뛰게 한다.

## 2) 믿음 『다석일지 1권』(1957. 2. 20.)

> ### 믿음
>
> 하나ㅣ 계셔 내게 사룸으로
> 내샤 아들 삼으시다
> 그일르시믄 때를 히스미오 •
> 그흐 이시믄 한듸를 느리미네.
> 아밧 뜻 뭄에 소리 니 난 뜻 참 보이오.
> 속알이 말슴으로 품기우니, 참
> 말슴 스매, 됀길이 번듯하여이다.

믿음이란 무엇인가? 하늘이 나를 내셨고 얼사람, 독생자로 삼으셨다는 것이다. 그럼 독생자인 내가 할 일은 내 속의 무한 생명을 키우는 일이다. 그러면 내 갈 길이 당당해진다.

하늘 뜻이 내 마음이 하는 소리이니 그 뜻을 잘 알 수 있다. 나의 속알(바탈)이 하늘 말씀을 품었기에 내게서 말씀이 서(이뤄지)게 되었다. 내가 말씀을 깨달으면 다른 이의 속알도 이와 같음을 알려 주어야 한다. 다른 사람도 말씀으로 설 수 있도록 말이다. 이것이 됀 길이다. 내가 먼저 깨닫고 남도 깨닫게 하는 것이 믿음의 길, 이것이 됀 길, 번듯한 길이다.

3) 예몰고 계 뵈올 『다석일지 1권』(1960. 10. 19.)


예몰고 계 뵈올


예낮인 빛 계놉힐 빛, 예예는 나, 계 계셔 압
나라 나라 나라라고 셰워간 내 계제 들 내
씨나락 하늘에 쌀가 따에 씨알 고룸직!


다석이 고쳐 쓴 '주기도문'이다. 그의 믿음이 확실하게 표현된 한글 시이
다. 우리 사는 이곳 세상은 대낮, 빛의 공간이다. 반면 하늘 아버지 계신 그곳
은 빔, 높고 흰 허공, 무한대의 세계이다. 이곳 여기 있는 나와 그곳 저기 계
신 아버지를 생각해 보라. 밝은 빛의 세계인 여기가 아니라 허공 속에서 하
느님을 만날 수 있다.

나라, 나라 하며 자신을 일으켜 세워왔던 내가 아버지 계신 제계 들어갈
일이다. 씨나락 곡식을 하늘에 쌓아 둘 때 이 땅에도 곡식들이 사람들 입에
고루 들어갈 것이다. 하늘나라가 이뤄질 때 땅의 문제도 절로 해결된다. 이
것이 다석의 믿음이었다. 아버지 뜻이 하늘에서 이뤄지듯이 땅에서도 이뤄
져야만 한다.

4) 그림 『다석일지 1권』(1961. 3. 29.)

> 그림
>
> 내꼴 닦아 네게 넣고 네꼴 맑아 내게들지,
> 우리 그림 너희 보고 너희 그림 우리 보지,
> 내그림 네그리움이 한계 솟아 한웋님……

나의 몸을 닦아서 네게 바치고 너의 모습 맑게 하여 나에게 들게 하라. 내 그리운 맘을 네가 보고 너의 그리움을 내가 알도록 하자. 나의 그리움과 너의 그리움이 하늘 그분에게까지 닿도록 오르는 것이 참사랑이자 믿음의 요체인 까닭이다. 사람 간의 그리움을 하느님과의 관계로까지 승화시키자는 의미로 읽히는 한글 시이다.

5) 무제 『다석일지 2권』(1965. 7. 7.)


무제

뜻이면 : 짓도 좋!
치레면 : 그만 둬!
없으신이ㄹ : 계신드시, 아침저녁 진뫼 굄도
보도못홀 한웋님과 듣도못홀 보리살타
브르고 울브르즈짐 : 어구머니! ㅇㅂ지!


믿음을 빙자한 종교 행위의 일탈을 지적하는 한글 시이다. 제목 없이 적혀 있다.

모든 일에 굳은 뜻이 있으면 어떤 짓, 무슨 일도 좋으나 겉치레, 욕망이면 그만두는 것이 좋다. 부모님 세상 떠났는데 살아계신 듯 식사를 대접하는 일(유교), 보지도 못한 하느님을 아버지라 부르는 일(기독교), 듣지도 못한 보리살타(불교)를 찾는 일, 과연 그 속에 뜻이 있을까? 영(얼)이신 하느님과의 관계는 이와 같을 수 없다.

물고기가 물속에서 물을 찾는다면 얼마나 어처구니없을까? 물속에 있으면서 물의 존재를 잊고 살기에 어구머니하며 아버지를 찾는 것이다.

하느님과 나는 본디 둘이 아니다. 이것이 참 믿음이다.

## 6) 나도 믿음 『다석일지 2권』(1967. 5. 30.)

나도 믿음

따여. 내 이제 네 몬지 곧 흙한줌에 들어서 : 말씀!
내.네게서 나간다믄 : 이 줌 흙도 동글려 : 몬돌 갸륵!
예수여 언님딸으와 ᄋᆞᆸ 계로 ᄀᆞ 아멘.

다석은 이 글에서 자신의 신앙을 거듭 고백한다. 먼저 땅을 향해서 너의 흙 한 줌으로 내 육체가 빚어졌다고 말한다. 육신을 벗을 때 이 한 줌 흙도 대지에 돌려줄 것이라 약속한다. 그러면 몬돌(坤) 역시 거룩지지 않겠는가?

하지만 힘 있는 예수(언님)를 따라 세상을 떠나 하느님께로 가는 것이 더 중요하다. 흙으로 지어졌으나 흙이 내가 아닌 까닭이다. 생각하는 내가 흙 일 수 없다. 나는 흙이 아니라 빛이고 얼이고 숨이다.

하지만 흙도 하느님 허공, 우주 속에 있기에 흙도 거룩하다. 그 안에서 거룩하지 않은 것은 일절 없다. 이것이 다석에게 있어 믿음의 처음이자 마지막이다.

7) 닉 미듬 우뢰오 『다석일지 2권』(1970. 7. 14.)


닉 미듬 우뢰오


눛힌 눛브득 치어들고
한ᄂᆞ절 거닐: "너",냐?
깁혼 : "얼골죽" : "춫ᄋ들어 "흔늘웋" 받뜰 "나",는!
홀우고 스물네 떠고 이뜨위 띤
뺄고 묶!!


한글 시 제목 '내 미듬 아뢰오'는 신앙고백이란 뜻이다. 몸적 욕망을 담은
얼굴을 쳐들고 한나절 거리를 배회하는 껍데기가 나인가? 아니면 깊은 얼
골, 내 얼굴 속에 깃든 영혼, 하늘 아버지의 뜻을 받들며 사는 내가 나인 것인
가? 답은 분명하다. 하느님 생각하며 살며 뜻 찾는 내가 참나이다.

하루 24시간 어느 때이든지 몸에 달라붙은 찌꺼기들(貪嗔癡)을 덜어내어
말개질 때까지 세탁하는 것이 필요하다. 사는 동안 몸을 줄이고 마음을 크고
넓게 하는 것이 나의 믿음이다. 몸은 생겼다 사라지지만 마음(속알)은 왔다
가 (돌아)가는 것이다. 내 속 바탈을 믿는 것이 참 믿음이다.

8) 로마 八 · 十六 『다석일지 2권』(1970. 4. 23.)

로마 八 · 十六

聖神(靈)이 친히 우리 神(靈)으로 더부러 우리가 한웋님
ㅇ돌인 것을 증거하나니
뵐곱 ㅎ : ―뵒 비름― :

ㅇ둘 옿에 드러 계시니 거룩흔 계심이웊
ㅇㅂ 옿에 드러 모시니 거룩 숣에 ㄹㄷㄹ.
아하멘 ㅇㅂㅇㅂ지 힘잃힗ㅇ 거룩히


하느님 영이 우리가 하늘 존재(굿)인 것을 알려준다. 내가 신령한 존재, 영원히 죽지 않을 존재인 것을 성령이 말씀했다. 믿음은 이런 영을 아는 것이고 그와의 사귐이다. 보지 못하는 것, 하지만 바라는 것의 실상을 알게 하기 때문이다.

뱃속이 고파야 비름, 기도가 시작된다. 배가 부르면 아무것도 보이지 않는 법이다. 배고파야 바라는 것이 생겨난다. 그래서 기도(비름)가 시작되는 것이다.

믿음은 내가 배고파 하늘나라가 보이는 것이다. 하느님 아들이 내 안에

있다는 것, 바로 그것이 보지 못하는 것의 증거이다. 아버지의 힘을 받고 아들로서 빛 되어 사는 것이 믿음이다. 하늘 영(힘)을 받는 것은 수동이지만 내가 아들로 사는(빛) 일은 능동적(주체적)인 것이다.

9) 主體者 『다석일지 2권』(1968. 4. 13.)

**主體者**

믿거란 : 말은? '먼저 주체만스러워도.' 못씀!

몸으로 슨 인, 몸짓이 :
얼로 슨 인 얼짓이 : 일!

아브지 主體 믿히라 난으들은 제 主體!

믿음이란 무엇일까? 무엇보다 믿음은 어떤 류의 걸림돌을 치워야 가능하다. 자기 몸도, 자기의식도 방해물이 될 수 있다. 어떤 주의(ism)의 사슬에서 벗어나야 한다. 신앙(종교)도 때론 우리를 노예로 만들 수 있다. 믿음이 무거운 짐이 되어서도 안 된다. 언제든 몸짓과 얼짓이 당당해야 한다.

육체적으로 자유롭고 영적으로 독립적인 존재가 믿음의 사람이다. 자기를 이기며 자신의 주인으로 산다는 뜻이다. 하늘의 힘을 받아 예수처럼 빛난 아들로 사는 것이 믿음이다. 자유와 믿음은 같다. 참된 주체가 되란 말이다. 아버지로부터 난 자가 진정한 주체이다. 그가 유일한 주체인 까닭이다.

10) 모름딕길 꼭 미듬 『다석일지 2권』(1970. 9. 3.)

> 모름딕길 꼭 미듬
>
> 야ᅙ웨 그리워 그립ᄉ와 기리우리이다.
>
> ᅙ야우에 ᅙ이ᅌ ᅙ야 히
> 우리 힘써히서,
>
> 힘입히 속에 든 나라 뎨계돌ᅌ
> 모심믄!

하느님(야훼), 그립습니다. 당신을 기리겠어요. 애써 당신에게로 오르겠습니다. 시키시는 대로 하겠습니다. 힘써보겠어요.

깨어지기 쉬운 혼이지만 하느님 힘입어(은혜로) 우리 속에 깃든 속알(바탈)을 길러내겠습니다. 어린 알을 병아리로 키워 보겠습니다. 하여 아버지 계신 그곳에서 당신처럼 되겠습니다. 잘 나는 이것을 모름지기 꼭 믿습니다.

11) 믿줄 『다석일지 1권』(1959. 2. 16.)

믿줄

먼저 계 앞 예의 우리.
먼져 계 앞에 가셨습닛가.
우리도 다가! 계?
먼져 계 앞에 옳잠.
우리ㄴ 옳을 삶. 잚. 참. 참.

무엇보다 앞서 계신 그분께 '예' 하며 다가서야 한다. 누구나 '계'에 이르러야 하기 때문이다. 우리에 앞서 많은 이들이 하느님에게로 갔다. 그러려면 이 땅 위에서 변화, 솟나는 삶이 있어야 한다. 자신도 소스라치게 놀랄 만큼 말이다. 살면서 잠(생각)을 자며 참의 존재가 되어야 하는 것이다. 이런 변화를 확신하여 이루는 것이 믿음이다. 달걀이 어미 닭 품 안에 있듯이 우리가 하느님 힘을 받는다. 이것을 느껴 아는 것이 믿음이자 믿줄이다. 달걀이 병아리로 부화하는 이런 변화를 믿고 우리 역시 달라져야 한다. 이것이 삶의 줄기(믿줄), 즉 우리들 신조이다.

# 15. 구원

1) 일히 높웋에 된 말이 참말이다 『다석일지 1권』(1956. 7. 25.)

일히 높웋에 된 말이 참말이다.

일히 높 웋에 된 말이 참말이다
말이 안된 이 나라에 난 일업시
웨 낫슬가.
너 난 나라 네 볼 일로 말 못 되어 목마르다.
이 나라 나 나란 나라 일 웋된 말(事上科言) 되리다.

말을 이룬 후, 실행에 옮긴 이후 하는 말이 힘이 있고 사람을 구원할 수 있다. 그런 말이 '참'이다.

현재 말이 서지 않고 말 같지 않은 나라에 내가 태어난 것은 뭔가 뜻이 있기 때문일 것이다. 그럴수록 내 할 일을 찾아야만 한다. 그것은 참말, 세상을 구하는 일이겠다.

이렇듯 할 일이 있음에도 마땅히 제 할 일 하지 않고 자기 욕심 차리는 일로 너나 할 것 없이 분주하니 나라는 더 망가져 비참하다. 이 꼴을 보는 나 역시 십자가상의 예수가 그러했듯 목마르다.

나라의 축소가 '나'고 나의 확대가 '나라'다. 나 없이 나라 없고 나라 없이 나 없다. 나라다운 나라를 만들 때 내 말이 참말인 것이 드러날 것이다. 말이 서는 나라, 내가 서는 나라가 하느님 나라이다.


2) 나는 몬(物) 욹야 『다석일지 1권』(1956. 9. 19.)


나는 몬(物) 욹야


몸 놓아 버리곤 산몸둥인 채 죽어가니
얼나간 사람 아니곤 붓그런 몸 버스랴
몸 놓고 몸버서 졻덴 빈탕 차지흔 뒤라


다석은 똑같은 제목으로 10편의 한글 시를 지었다. 윗글은 아홉 번째 글이다. 담긴 뜻이 차이 없어 하나만 소개한다.

사람이 정신을 잃으면 살아있으나 죽은 목숨이다. 인간은 인격적으로 살고 죽는 존재인 까닭이다.

얼빠진 사람들은 부끄러운 줄 모르고 몸을 함부로 굴리며 산다. 여기서는 특히 裸身의 몸을 즐긴다는 뜻이다. 정말 마음 놓고 편히 자기 몸을 벗을 수 있는 아주 좋은 곳이 있다. 자신이 빈탕이 되는 그 지점에서다. 몸을 다 벗어 내려놓고 마음 편히 살 수 있으려면 빈탕하면 된다. 이것이 믿음의 푯대이자 구원의 길이다.

### 3) 있없하나 『다석일지 1권』(1958. 11. 3.)

있없하나

있이 있 만하 언제 • 어데 • 누구 •
다앎듯, 있다 없.
없이 있 하나 언제 • 어딕 • 누구 • 모르나, 우리 **믾**,
한웋님 하나님 계셔 사룸 너 나 계계서.

있는 것이 많다. 누구든 보고 아는 것이 '있'(有)이다. 그러나 그것 '있'은 곧 '없'(無)이 될 것이다. 이런 유무는 상대적일 뿐이다.

'없이 있'는 것은 즉 하느님 마음, 허공은 누구도 확실히 알지 못한다. 단

지 사유(민)하고 믿고(믿) 근거해(밑) 반추할 수 있을 뿐이다. '밒' 이란 말이
바로 그 뜻이다.

그러면 한울님, '없이 있'는 그분이 계신다는 것을 너나없이 깨달을 수 있
다. 사람은 자신보다 큰 것에 자신을 바쳐야 한다. 내가 제물 되어 바쳐질 때
허공과 하나 된다. 허공을 볼 수도 만질 수도 없지만 분명한 것은 내가 그 안에
있기 때문이다. 나는 없고 내 안에 그가, 그 안에 내가 있다는 것이 구원이다.


### 4) 먹고 난 뒤 『다석일지 1권』(1959. 9. 10.)


먹고 난 뒤

우리가 받은 맨지. 맛. 내새가
우리 몸에만 멈추지 말고 털굼으로 나가
올 누리 뭇 사리 몸에 펴 들러서
맨 똑같이 올깨는 약으로 몬인 싫음을 플어지이다.


음식을 먹고 난 후 드는 생각, 하고픈 말이 있다. 뭇 먹거리로부터 내가
받은 것들이 내 몸에만 머물지 않고 몸 밖으로 나가서 온 우주에 사람 사는
세상에 두루 펴져 그들을 깨우는 말씀으로 작동했으면 좋겠다. 우주와 세상

의 일체 번뇌(몸인싫음)를 제거하는 힘과 빛이 되기를 소망한다.

이 시처럼 우리가 먹는 밥이 자기 몸 하나 위하는 데 그치지 않고 그 속에 담긴 빛(태양)과 힘(자연)이 다시 우주, 중생을 구원할 수 있도록 해야 할 것이다. 다석은 이런 과정을 代贖이라 풀었다. 그렇다면 세상에 대속 아닌 것이 없다. 동학이 말하는 '以天食天'도 같은 뜻이다.

### 5) 잘잘있. 없않: 찰찰찰. 올출ㅁ 『다석일지 2권』(1963. 11. 6.)

잘잘있. 없않 : 찰찰찰. 올출ㅁ

있밖이. 없않이자! 뜻밖에도 '없이녁임' : 받!
섣부른 있에 : 몸 부치다들 말 않돼ㄴ ; 없잔친!
네뜻않 없않그대로 ㅣ ! 없이계심 : 모신 곧!
万万有空中 充满满存義

있음(萬有)의 밖이 허공인데 사람들은 종종 이를 무시하고, 간과하며, 홀대한다. 有(손에 고기를 든 형상)에만 마음 두다 멸망하는 사람이 적지 않다. 이는 내 뜻만 지니고 살 수 없다는 것과 같은 의미이다. 우리 뜻과는 상관없이 없이 계신 이가 존재한다는 것이다.

하여 우리 마음과 허공은 의미상 같다. 마음은 없이 계신 분을 모신 곳이다. 허공에 만유가 가득하고 마음에 하늘 영(속알)이 그득 찼기 때문이다. 한시 「만만유공중, 충만만론의」가 그 뜻이다. 이 한시의 한글 표현이 바로 시 제목인 '잘잘있. 없앛: 찰찰찰. 올춤'이다. 허공과 닮은 마음을 갖는 것이 구원이다. 다석은 이를 '빈탕한데 맞혀(짝져) 놀이'(與空配亭)라 했다. 그런데 인간은 언제든 덜 없어 더러운 존재로 살고 있어 걱정이다. 절대 공(없이 있음)을 언제나 그리워하며 성찰해야 한다. 지금껏 기독교 서구가 잃어버린 것이 바로 空이다.

6) 늬 드리 제계 듦 음 『다석일지 3권』(1973. 10. 16.)

늬 드리 제계 듦 음

일업시 을곱ㅎ
일보러 오ㄱ대 ㄱ온듸 옷ㄱ온 잇ㄷ 굼,
무엇이ㄹ ㅎ오릿가ㄱ? 엇더ㅎㄷ ㅎ오릿ㄱ?
닐느됩 속ㅎㅎ ㄱ대ㄹ 모르므로 ㅇ름됩게

죽음은 내가 없어지는 것이 아니라 내게 돌아가는 것, 구원의 길이다. 세상에 왔다 하늘나라(계계)로 들어가는 나들이가 인생이다. 이것이 인간의 삶이다. 그것은 나가 내로, 참나가 되는 일이다. 정양모가 몇 번씩 강조하듯 여기서 'ᄀ온딕'는 사람 속을 말하는 동시에 하느님이기도 하다.

쭉정이로는 세상을 벗어날 수 없다. 세상 속에서 죽고 말 것이기 때문이다. 오로지 씨알이 되어야 계계 들어갈 수 있다. 이것이 죽음이자 구원이고 해탈이다.

세상은 이처럼 일 보고 가는 곳이다. 일의 중심에 세상이 있을 뿐이다. 세상은 씨알이 떨어져 생명을 낳는 밭이다. 이 밭에서 생명이 움트고 열매를 키우니 아름답다. 아름답다는 알(열매)를 품었다는 뜻이다. 그럴수록 맺을 열매를 생각하며 살아야 할 것이다.

7) 고놔 고몹 『다석일지 1권』(1959. 10. 12.)

고놔 고몹

나 쩍어도 젊잔히 젊잔은 길몸(道心, 遠心)이 쌕튼데,
나 만어도 어리디 어린 살맘(肉心, 生心)이 한 구석엔,
사람 뉘 줄타기랄지 제 고놔야 건넬바.

제목인 고(꼬나)는 채점하다, 평가하다는 뜻이다. 구원은 나이나 신앙연수와 관계없고 자기가 자기에게 얼마나 당당하고 부끄럼 없는가에 달렸음을 가르치고 있다.

나이 적어도 道心이 싹틀 수 있고 나이 많아도 미숙한 肉心이 한 구석에 도사리고 있는 경우도 많다. 이들 사이에서 줄타기하는 것이 인생일 것이다. 하지만 사람은 자기가 자신을 제일 잘 아는 법이다. 자기가 자신을 평가하여 높은 점수를 줄 때 구원이 비롯한다. 인생 채점은 오롯이 자기만이 할 수 있다.

### 8) 그 나라와 그울 말 『다석일지 2권』(1969. 10. 27.)

그 나라와 그울 말 六33, 요 十六10

계서 ᄋᆞᄇ 뙤신 제가 예 나왔다 도ᄅᆞ 곰은?

오름올라 둥글우어 하날나라 니뤄드니

우리믐 밝는 속올에 나라ᄎᆞᄌ

오르옴

마태복음 6장과 요한복음 16장의 내용을 갖고 지은 한글 시이다.

본래 우리는 하느님 품 안에 있던 씨앗이었다. 그 씨가 세상에 떨어져 인간 몸을 입은 것이다. 그렇기에 다시 하늘로 오르는 것이 우리 할 일인바, 큰 열매를 맺는 길밖에 없다. 씨알을 맺어 알맹이로 땅에 떨어지는 것이 하늘길이자 구원의 실상이다. 이것을 일컬어 다석은 하늘에 자신을 제물로 바치는 것이라 말했다.

### 9) 먹고 숨 『다석일지 2권』(1969. 12. 9.)

먹고 숨

그中 좋느ㄴ 羊이다, 소다 : 딕 : 줍아먹냐? 말슴?
느안먹곤 못슨다 먹어라! 드리 처먹어라 :
힘써서 힘드려서 처 大慈大悲 얼도록

삶은 먹는 것이다. 먹지 않고는 살 수 없는 것이 인간이다. 무엇을 먹나? 양고기와 소고기를 즐겨 먹고 실컷 먹는다. 무자비한 식욕을 걱정하는 말씀이다.

그러나 진짜 양과 소는 자기 자신이다. 자기를 잡아먹어야 옳다. 있는 힘을 다해서 자기를 먹어야 한다. 그것이 극기복례이고 십자가이며 구원이다.

대자대비의 길에 들어서는 일이기도 하다. 남의 목숨 먹고자 하지 말고 제 몸을 먹는 것이 구원이다. 오롯이 자기 되기 위함이다. 자기 십자가를 지란 말이다. 남의 생명 탐하지 말고 너 자신을 산 제물로 바치라는 뜻이다.

쌀은 살이 된다. 그런 살을 알(정신)로 만들고 얼(영)이 되게 하는 것이 어른(그리스도) 되는 길인 것이다.

## 10) 나남직흔 이승 『다석일지 2권』(1956. 10. 24.)

나남직흔 이승

몸성히 남주기로 묌븨히 챔말기로
바탈조히 늘사리는 죽기너메 맑기까지
늘사리 한늘사라란 한얼살림 나남직

건강한 몸을 갖고 남을 사랑하며 살자. 욕심 버리고(챔말기) 마음 비워 나누는 인생을 살자. 자신의 바탈(性)을 조심하여 치정에 빠지지 말자. 정신을 늘 깨워 죽기까지 맑게 살자. 참 말씀을 생산하면 죽음도 넘어설 수 있다. 몸이 건강하면 남을 도울 수 있고 마음을 비우면 탐진치를 벗을 수 있다. 내가 나옴 직한 세상이 바로 이런 것이다.

영원히 산다는 것은 정신으로 사는 일로서 이승에서 자신을 초월한 삶을 일컫는다. 이승에 머물지만 세상 밖으로 나가는 삶, 이것이 영생이자 구원이다.

# 16. 대속

1) 잡아잡수? 『다석일지』(1960. 4. 10.)

잡아잡수?

사름이 힘을 다히 길운—푸성귀. 낟알 · 짐승—

푸새 짐승 멕이듯, 짐승은 사름에게—모이—

먹임새 먹새야 말로 동그램일 잘돎—돈—.

잘 익은 열매는 남에게 밥이 될 수 있다. 밥이 되는 것이 보람이다. 쭉정이
는 그리될 수 없다. 사람이 힘써 기르는 채소, 곡식, 가축은 서로가 서로에게
밥이 된다. 먹이사슬 구조로 볼 때 짐승은 사람을 먹이는 모이다.

짐승만 그럴까? 사람도 땅에 묻혀 풀에 먹히니 자연의 밥일 뿐이다. 존재
하는 모든 것들이 서로 돌아가며 잘 먹고 먹힌다. 우리 사람도 잘 익은 열매
되어 '잡아잡수' 하고 내맡기면 그뿐이다.

동학은 이를 '하늘로서 하늘을 먹는다'(以天食天)라고 했고 다석은 세상에 대속 아닌 것이 없다고 말씀했다. 대속이 특별난 것이 아니라 세상만사가 대속의 이치로 돌아간다는 것이다. 이처럼 기독교는 자신을 바치는 길을 가르치고 있다.


### 2) 하느님께 충성을 바치는 종들의 노래 『다석강의』(25강, 542-575쪽)

> 하느님께 충성을 바치는 종들의 노래
>
> 이사야 52장 13-15
>
> 보라 내 종이 형통하리니 받들어 높이 들려서 지극히 존귀하게 되리라
>
> 전에는 그의 모양이 타인보다 상하였고 그의 모습이 사람들보다 상하였으므로 많은 사람이 그에 대하여 놀랐거니와
>
> 그가 나라들을 놀라게 할 것이며 왕들은 그로 말미암아 그들의 입을 봉하리니 이는 그들이 아직 그들에게 전파되지 아니한 것을 볼 것이요 아직 듣지 못한 것을 깨달을 것임이라

본래 이날 『다석일지』(1957. 3. 21. 24480)에는 이사야서 본문이 없다.

김흥호가 7권으로 편집한 『다석일지』에도 이사야 내용이 없다. 43강으로 정리된 『다석강의』에만 실려있는바, 대속 사상을 주제로 했다.

이사야서가 말한 고난받는 종의 이미지, 그것으로 예수를 상상하는 것은 당연하나, 그것을 예수로만 한정시킬 이유 없다는 것이 다석의 생각이다. 지금도 여전히 사회의 존속을 위해 고난 받는 이들이 존재하는 까닭이다.

배우고 가진 자들은 하느님 종 되기 참 어렵다. 이름 없고 무식한 서민들 씨알 민중들 가운데서 하느님 종이 생겨날 수 있다. 그런 그들이 남의 고통과 질고를 대신 짊어지고 있기 때문이다. 세상의 약자들이 강자들, 위정자들 죄를 짊어지고 고통당한다. 남반구 사람들이 북반구인들 풍요의 희생양이 되고 있지 않은가? 우리들 어머니가 그런 존재이고 노동자들이 그러하다.

사람들은 무거운 짐을 대신 진 이치를 도무지 깨닫지 못한다. 통상 예수 그리스도 십자가 고통으로 속죄받았다고 믿으나 속(贖)의 전후 상관관계를 먼저 살펴야 한다. 먹지 못하면 힘을 낼 수 없다. 남의 생명 먹지 못하면 정신을 갖고 살 수 없지 않을까? 세상사 이치는 서로 대속하는 데 있다. 상대 세계가 지속되는 한 대속은 멈출 수 없다. 예수 한 분의 대속으로 끝나는 것이 아니다.

## 3) 싸울거 미듬 『다석일지 1권』(1960. 7. 18.)

> **싸울거 미듬**
>
> 푸새 · 버레 · 나무 · 짐승 나서살다 죽어 가메,
> 옹로 높이 씨고 씨어 사름께와 크게 씨움,
> 사람이 살고 간 우엔 더욱 높이 씨움직.

채소와 벌레 그리고 나무, 짐승들이 태어나 성장하다 죽는 모습을 보면 저마다 더 높은 차원을 위해 자신을 먹거리로 바치고 있음을 알 수 있다.

먹이사슬 구조를 말하는 것일 터인데 더욱 높은 목적을 위해 자기 한 목숨 크게 바치고 있는 것이다.

사람 역시도 살다가 더 큰 뜻을 위해 자신을 바쳐 하느님께 쓰이는 삶을 살아야 한다. 자기 몸과 정신을 바치는 것을 기존 대속에 견줘 자속(自贖)이라 말해도 좋겠다. 성서가 말하듯 네 몸을 산 제물로 바치라는 의미이다.

4) 죽음 • 삶 『다석일지 4권』(1962. 8. 4.)


죽음 • 삶

깨 : 받아 먹은거로 • 살갓 • 핏결, 잇대, 삶다. 믄!
잘! 멕혀 삭아서, 새 살과 피된걸 죽었대ㄹ가?
깨! 먹고 죽어서! 잘잠 삶나? 죱 남? 근찍기


　삶과 죽음은 먹고 먹히는 관계이다. 눈떠 배고파 먹음으로 힘이 생겨 정신을 키울 수 있다. 고기를 먹어 정신을 키웠다면 그 짐승 삶이 사람 삶(살과 피)과 잇대어진 결과이다. 동물의 죽음이 사람의 삶이 된 까닭이다. 나는 먹고 살고 짐승은 죽은 것인가? 잘 먹히고 삭아서 새 살과 새 피가 된 것을 보고 죽었다고 말할 것인가? 짐승이 죽어 사람 되고 사람이 죽어 초목 된다면 삶이란 먹이사슬, 고리가 돌아가는 것뿐이다. 몸의 변화는 없다. 단지 마음만이 달라질 뿐이다. 이 한글 시 마지막이 가온찍기로 끝난 이유도 여기에 있다. 남의 생명 먹는 것은 우리 삶을 바쳐 높이기 위함이다.

5) 먹고 숨 『다석일지 6권』(1969. 12. 9.)

먹고 숨

그中 좋ᄂᆞᆫ 羊이다. 소다 : 되 : 줍아먹냐? 물슴?
ᄂᆞ 안먹고ᄂ 못슨다! 먹어라! 드리처먹어라!
힘써서 힘드려서 처 大慈大悲 얼도록

앞서도 소개한 한글 시이다. 먹지 않고 살 수 없다. 양과 소를 잡아먹고 사는 것이 인간 삶이다. 안 먹고는 못 사는 것이 인간이기에 모두들 실컷 먹고 즐기려 한다. 있는 힘 다해 배가 터지도록 먹는다. 癌자가 함의하는 바가 그것이다. 세 개의 입(品)을 갖고 산(山)처럼 많이 먹어 걸리는 병(病)이라 풀 수 있다. 식욕이 탐욕이 되는 현실을 적시한다.

그러나 사람은 진짜 자기 자신을 바치고 먹어야 한다. 이것이 자기 십자가를 지는 일이다. 자기를 이길 힘(부활)도 여기서 비롯한다.

이것이 세상을 향한 자비와 슬픔의 원천이다.

쌀을 먹고 살이 되지만 그 살은 자기를 바쳐 알이 되고 얼로 솟구치게 해야 한다. 여기서 대자대비한 하느님을 만날 수 있다.

6) 알마지 『다석일지 2권』(1962. 6. 22.)


알마지


알마지 떠난길로, 우리가 예 : ㄹ ; 하나,없! 읍 •
하나 몰라, 그린 생각, 므름,브름 말씀이웁!
짝마자 단둘이 되면 예 선 채로 마치랴?


단둘,달듯! 두둘,반듯! 셋둘,예 · 셈! 셈 맞 힘씀!
하나,둘,셈, 맞힐날제, 마침 내가 하나, 그립!
너,나,가 둘.넷, 눈마자 : 하나 그린 셈 맞냐?


셋둘,예, 셈! 힘쓸라나, 하나없이 사랑되랴?
여섯에도 큰 하나 밑 일곱 될제, 머리 곧 솟!
머리칼 기러도 못 서! 솟나 설덴 : 님계만.


　　사람은 누구 할 것 없이 하늘을 머리에 이고 지금 여기를 살고 있는 도상의
존재이다. 알(진리)을 맞기 위해 길 떠난 존재인 것이다. 알마지는 진리를 뜻
한다. 언제든 하나 앞에, 없이 있는 그 앞에 서는 것이 진리이다. 하나를 거듭
찾고 묻고 생각하라는 것이 말씀이다. 이 일을 위해 남의 생명 취해 살되 자기

를 궁극적으로 밥 되게 해야 옳다.

하지만 상대가 있는 세상에서 짝을 만나면 그곳에 머물고 싶어 한다. 남
의 생명으로 자기 확장만 꾀하는 것이다. 여기가 좋사오니 이곳에서 집 짓고
아들 손자 대를 이어 자손 만들며 지내려 할 뿐이다. 그렇지만 아무리 짝을
짓고 수를 늘려가도 종국에는 하느님을 그리워하게 된다.

머리카락 아무리 길러 보아도 하늘로 솟날 수 없다. 둘이 눈이 맞아 한눈
되었지만 그 눈이 '하나', 즉 없이 있는 아버지와 만났는지 거듭 물어야 하늘
로 솟구쳐 오를 수 있다. 자손을 많이 뒀어도 큰 하나와 만나지 못하면 사랑
이 싹트지 못한다. 결국 우리들 간의 대속은 하나를 만나기 위한 자속을 위
한 것이다.

### 7) 一食晝夜通 『다석일지 5권』(1966. 8. 22.)

一食晝夜通

일식주야통(一食晝夜通)

일언생사통(一言生死通)

일좌천지통(一坐天地通)

일인유무통(一仁有無通)

하느님 아들은 대속의 힘 받아 위로 오르는 삶을 살아야 한다. 부분이지만 전체로 사는 길이기 때문이다. 그러려면 언제든 끊고 살아야 할 것이 있다. 하늘과 통해 세상과 하나 되려면 말이다. 한마디로 '고디'를 지키는 일인데 삼단(三斷), 斷食, 斷言, 斷房『다석일지 3권』(1960. 3. 1.)이 그것이다.

위 한글 시는 끊어야 할 것을 4개로 확장시켰다. 끊을 때 하나와 통할 수 있다는 믿음 속에서 말이다.

한 끼(食) 먹으면 주야, 시간 문제가 해결되고, 옳은 말(言)을 하면 생사를 넘어설 수 있으며 명상(坐)을 통해서는 공간을 초월할 것이고 깊이 사랑(仁)하면 有無의 세간을 이길 수 있다는 말이다. 대속의 은총을 받고 사는 우리 인생들이 힘써 할 일이다. 이를 무불경(毋不敬), 엄약서(儼若思), 안정사(安定思), 안민재(安民哉)로 달리 표현하기도 했다. 언제나 깨어 깊이 생각하고 말씀을 고르고 골라 사람들 마음을 안정시키는 것이 우리 할 일이란 것이다.


8) 긴소리『다석일지 5권』(1967. 12. 13.)


긴소리

나는 시름업고나! 인제브턴 시름업다
님이 나를 차지ᄒᆞ샤

—님이 나를 마트셨네

—님이 나를 가지셨네

몸도 낯도 버릴게리-다-.

내거라. 고ㄴ : 조…고…ㅁ……도 아니이리-다-


그럼!

계 ㄹ '그' '저' 몸은? 흐늘!

—흐늘 : 흐흔과 흠게…

—흐늘 : 늘느느 리리…


계ㄹ '그"저' 낯은?

"한웋" 두곤 놉들려 드높히 들어우어 오르오리니

—누가 누구 누가?— 뉘게 뉘뉘 뉘게?

그낯이 보이오릿가!? 들리오릿가!?

그낯은 그리스도, ㄹ 바로 들리어 계시오리다

계ㄹ 계심직 아-멘


제목 가온소리는 상대 세계 속에서 시간을 끊고 절대계에 이르렀다는 일종의 悟道頌을 뜻한다. 다석의 신앙고백 중 핵심이 담겼다.

이 한글 시의 전반부는 류영모 선생이 기독교를 안 지 38년 만인 52세 때에 지었다. 그리고 후반부는 78세에 작시한 것이다. 하느님 품(가온)에 이르니 바닷물이 자신의 몸을 띄우듯 편안해졌다는 것이 핵심이다.

하느님이 나의 전부가 되셨으니 몸도 체면도 더 이상 문제 될 것이 없다. 마음도 얼도 온통 하느님 것이지 내 것이란 없다고 했다. 다석의 입장에서 보면 자신을 바쳐 자신을 없이 한 것이다. 빈탕이신 하느님과 짝하여 노닐 수 있게 되었다는 뜻이다. 이보다 더 큰 기쁨이 세상에 있지 않다. 스스로를 산 제물로 바친 결과였다. 하느님과 한늘, 영원히 살게 된 것이다. 하느님과 하나 되었다는 것은 인류 전체와 소통할 수 있다는 말뜻이다.

하느님께로 간 '그리스도'와 '자신'의 몸이 늘 하느님과 함께 있으며 '그리스도'와 '자신'의 낯은 언제든 허공 속에 있다고 믿었다. 이처럼 살아생전 그리스도의 얼굴(낯)이 보이고, 하느님 마음이 느껴지는 그 자리까지 자신이 도달했다는 것이 다석의 신앙고백이다.

# 17. 성령/그리스도


1) 나는 몬(物) 욺야 『다석일지 1권』(1956. 9. 19.)


나는 몬(物) 욺야


몬을 지으신 이가 먼저 븬탕을 펴셧을거지
몸을 가진 우리가 믐두고 말쓰는 터로 보아
생각은 구름 픠우듯 빈탕이사 믐나라


동일한 제목의 시가 10편이 있는데 그중 일곱 번째 한글 시다. 만물을 창
조하신 이가 먼저 빈탕, 허공을 지으셨다. 몸을 갖고 태어난 인간은 빈탕, 허
공에 마음을 두고 그것을 말씀의 터로 삼고 살아가야 할 것이다. 이때 허공,
빈탕은 하느님 영으로 가득 찬 무한대를 뜻한다.

우리 마음이 허공을 닮고 하느님 영이 우리 속에서 활동하면 사람의 생각
은 구름이 생겨나듯 계속 피어오를 것이다.

앞서 빈탕이 곧 마음이란 말을 수없이 했다. 이 빈탕이 생각을 이끄는 하느님 영인 것도 알아야 할 것이다.


### 2) 낯(낱)을 볼스록 얼골이 멃 『다석일지 1권』(1957. 10. 20.)

> **낯(낱)을 볼스록 얼골이 멃**
>
> 우리 님은 숨님, 숨님은 수믄 님.
> 이제 우리 쉬는 숨은 숨님계로서 수며 나와
> 씨움이오니, 孔子 이르신
> '그이의 갈 길은 씨움이면서
> 수멋나니라' 함인가도 흡니다.


우리 님은 숨님(성령), 숨은 님이다. 우리 쉬는 숨은 숨님, 즉 성령에게서 스며 나와 나를 바로 잡고자 나와 씨름한다. 이것이 공자가 이른 도의 길인데 보이지 않게 일어나고 있다. 군자지도(君子之道)는 비이은(費而隱)이란 말이 그것이다.

그런데 밝은 낯 드러나는 것들에 마음을 빼앗기면 얼이 깃들어야 할 우리 얼굴은 정작 하느님 영으로부터 멀어진다.

한글 시 제목 중 낮은 낱인데 자연을 뜻하기도 한다. 드러나 보이는 것 일체를 말하는 것이라 봐도 좋다. 이에 마음 뺏기는 것이 바로 우상숭배이다. 성령은 숨어 있다. 보이지 않는 나무의 뿌리와 같다. 유에 대해 무, 허공인 것이다. 우리 생각은 모두 허공을 채운 하느님 영에서 비롯한다. 허공이신 하느님이 인간에게 있어 보이지 않는 뿌리인 것을 유념할 일이다.

### 3) 알참 『다석일지 1권』(1958. 11. 5.)

알참

우리 있다고 흠은 예 있는 거ㄹ가? 없는 거ㄹ가,

예 있는거ㄴ 있다가 없을거- 늘 있이 예선 없,

예 있단 혜진 몬지 끗, 없이 있 하나 알 우리.

알참은 참을 안다는 뜻이다. 김흥호는 이를 요한복음 8장 32절 말씀과 같게 봤다. 진리가 우리를 자유케 한다는 의미로 본 것이다. 알참을 진리를 안다는 뜻으로 풀었다.

우리는 늘 여기 있다, 저기 있다 하며 있는 것에 집착한다. 그러나 여기, 이곳은 언제나 있는 것일까? 세상은 우주의 먼지, 우주의 끝과 같을 뿐이다.

순간 찰나의 시간을 얻은 것에 지나지 않는다.

없이 있는 분만이 영원하다. 무이기 때문에 그는 없어질 수 없다. 하지만 그 때문에 그는 없는 곳이 없다. 무형유리, 무극이 태극이란 말도 그래서 가능하다. 생생불역이란 말도 이에 해당될 것이다.

우리가 알아야 할 것은 오로지 '있 없'뿐이다. 없이 있는 이가 성령이다. 불고 싶은 대로 불고 인간이 만든 일체 틀을 부수며 모든 것 속에 내주하며 만물을 떠나 본 적이 없는 영, 그것이 바로 없이 계신 하느님이다. 죽음이 없는 것도 이런 차원에서다.


### 4) 어찌 이러히 두 길 『다석일지 1권』(1959. 1. 18.)


어찌 이러히 두 길


멀고 멶사랑 그리워, 옆의 고흔 이도 몰라.
낮인 아름아리 이루려, 높은 아름답 몰라.
우리옹 꺼으르심을 뉴못 뉴에 달려서.


우리 인생에는 서로 다른 두 길이 있다. 사랑으로 이끄는 영의 길과 그렇지 않은 길이 있다.

멀게만 느껴지는 하느님 사랑(형이상학적 욕망)을 그리워하면 내 옆의 아름다운 여인 생각도 나지 않는다. 반면 낮은 잡다한 지식 세계에 마음 빼앗기면 높은 정신세계를 알 생각조차 않고 산다. 사는 대로 생각할 뿐이다.

여기서 두 길이 생긴다. 하느님이 우리를 위로 이끈다는 생각이 있고 없고의 차이다. 높이 있는 그곳에 이르려는 신앙의 길에 들어설 것인가 아니면 낮은 식생의 세계로 만족할 것인가의 문제다.

우리 인간을 위로 이끄는 힘, 바로 그것이 성령이다. 사랑으로 역사하는 힘이 하느님의 영인 것이다. 우리에게 스승이 있다는 것이 성령이 현존한다는 증거이다. 다석이 예수를 스승으로 여긴 것도 이런 맥락에서였다. 인간을 위로 이끄는 스승의 손사래가 하느님의 사랑, 성령의 증거인 셈이다.


5) 도라볼 수 업시 근 『다석일지 1권』(1959. 11. 5.)


도라볼 수 업시 근


맛을 그러케 못 잊고야 마지 마질 수 잇나?
마지막을 그토록 모르고야 마침을 마틀가?
맛 마자 마침 길 근듸 도라보단 말 아니!

세상 주는 맛에 취해 살다가는 대로 마지막을 맞을 수 없을 것이다.

죽음의 순간을 전혀 생각지도 않고 살면서 어찌 마지막에 이를 수 있겠는가 말이다. 인간사 맛에 취해 살다가 마지막 길을 갈 것인데 지난 세월 취했던 그 맛이 그리워 과거를 회상하면 되겠는가? 되돌아보지 말고 떠나야 한다.

인간 속에는 하느님 주신 영(속알)이 내주하고 있다. 그 힘으로 머리로 하늘을 이고 살 수 있는 것이다. 그런데도 땅만 바라보고 살고 있으니 걱정이다.

세상은 신비로 가득 차 있다. 맛으로만 살기에는 너무 아까운 세상이다. 인간을 뜻으로 부르는 무수한 말씀들이 있지 않은가? 그 말씀이 바로 인간을 위로 이끄는 성령, 하느님 사랑의 표현이다. 그 말씀을 가르치는 선생도 많건만, 선생을 못 만나고 산다는 것은 불행한 일이다. 그것이야말로 성령을 모독, 훼방하는 일일 수 있겠다.

6) 公平 『다석일지 1권』(1961. 5. 3.)

公平

一無止性靈(일무지성령)
萬有盛虛空(만유성허공)

性靈虛公平(성령허공평)

一無萬有公(일무만유공)


같은 뜻을 지녔기에, 더욱 짧은 한문 시 한 편을 소개한다.

여기서 사용되는 性靈이 聖靈이 아닌 것에 주목하라. 기독교가 주장하는

특별난 영이 아니라 인간 모두에게 주어진 영이란 점을 강조했다.

빈탕이신 하느님 영이 인간 모두에게 주어져 있다는 것이다.

없이 계신 하느님에게서 성령이 흘러나왔다. 이런 영을 받은 만물(萬有)

이 허공을 채웠다. 성령은 허공에 충만하고 하느님은 만유에 공평하다.

우주 만물을 성령으로 채우시는 하느님은 두루 공평하게 사랑하신다.


7) ㅡ ㅣ · 『다석일지 2권』(1970. 1. 31.)


ㅡ ㅣ · (으이아)


따에 묻히잔 거 ㅣ 아니니. 술좇는 십뜻 업고

ᄆ리웋 ᄒ늘 두긴 한웋님 우리 ᄋ브니기

님닌 두팔들리니 처니김을
뉘보오?

ᄋ들 은에 드러 계시니 거룩ᄒᆞᆫ 계심이옴.
ᄋ브 은에 드러 모시니 거룩 숨예 ᄅ : 음
오직ᄒᆞᆫ ᄋ브ᄋ브지 힘잃힘잃 거룩히.

으이아는 천지인 삼재의 핵심이다. 사람( ｜ )이 땅(-)을 뚫고 하늘( · ) 오를 때 나는 소리이다. 다석은 이를 십자가로 풀었다. 그러나 예수만이 그런 존재가 아니라 우리 역시 그런 십자가를 져야 한다고 믿었다. 이런 존재인 까닭에 인간은 누구나 靈이며 그 靈은 허공과 같다. 靈이 肉이 아니듯 허공 역시 땅일 수 없다. 따라서 靈은 땅에 묻히지 않는다. 묻히는 것은 육이고 살을 좇는 십뜻(욕망)이다.

하느님은 머리 위에 이고 살 존재이다. 우리가 몸을 꼭 조여서 필시 대어야 할 꼭대기인 것이다. 하늘 아버지를 생각하며 두 팔 들어 십자가에 달려야 한다. 그로써 십자가에 달린 예수가 그리스도, 곧 영이 되었고 그리스도가 될 수 있었다.

십자가란 자기를 쳐서 이기는 일로서, 으이아가 바로 그것이다. 그가 영이 되고 말씀이 되었고 인류의 스승이 되었다는 말이다. 아들이 아버지 안에 들어갔기에 그는 거룩한 존재가 되었다. 그 속에 들어가야 진짜 사는 것이요 그의 은혜로 사는 삶이 시작된다.


8) 성김 몰숨 몯 여여 『다석일지 3권』(1971. 1. 11.)


성김 몰숨 몯 여여


성길 이는 성흔 김 치요! ㅎㅣ ㅂㄹㄱㅣ ㅎㅣ 몿듯!
김 : 울려 ㅂ롬이거니안 ㅂ른 김 : 성길손가?
ㅇㅂ지 성길 ㅇ들로 성김 몰숨 못 여여!


여기서 성은 건(健), 김은 기(氣)를 뜻하는바, 성김은 굳센 기운을 말한다. 동시에 이 기운을 맡아 할 일이란 의미도 지녔다. 이 일을 위해 숨 쉬는 일을 떠날 수 없는 것이 인간인바, 하여 영적 존재라 일컫는 것이다. 해바라기가 해에 집중하듯, 공기가 울려 바람이 되듯 인간은 하늘 아버지(말씀)을 한시도 떠날 수 없다. 이것이 영적인 존재, 성김을 갖고 사는 인간 삶의 핵심이다. 결국 인간의 본체가 성령이란 말뜻이다.

희망과 기쁨이 되지 않는 성김은 존재할 수 없다. 하늘 영이 충만하고 강건하면 말씀을 결코 떠날 수 없기 때문이다.

# 18. 예수와 그리스도

1) 니겨지는 숨스리 『다석일지 2권』(633쪽)

니겨지는 숨스리

니겨지는 숨스리야 참 누가 진달내럿가?
진달내 나는진달래 님의짐은 내질ㄴ오!
니긴될 깔고 안짐야 타고만난 그분들.

타고 만나는 그분들 짓 니겨만 좋타지만,
ㅡ ㅣ · 로 솟ㄴ 오름－올홀 길과는 딴줄기.
지고난 우리 나선 된 소스올흘 막바지.

우리길 막바지는 ㅎ웋님 계 계시는 우리믈!
헤매인 그리움 : 플델, ᄋᄇ질 : 모실

제곌 근!
제계야 촘 반가위오 ᄋᄇ않밖 : 모이샤!

이기고 지는 일에 목숨 거는 사람들이 세상에 허다하다. 하지만 이길 힘을 갖고 살면서도 진달래처럼 져주고 사는 이들도 적지 않다.

이기고도 져주며 사는 사람들, 십자가를 진 예수 그리스도가 진달래가 되지 않았던가? 하늘 짐, 인류의 짐 모든 것을 자신이 지겠다 한 이가 그리스도이다.

반대로 진 사람들 깔고 앉아 일절 짐 안지고 책임 회피하는 사람들, 정치가들 가운데 그런 사람이 많다. 싸워 이기는 것만 좋아하는 그들은 으아아, 십자가를 지고 솟나오른 사람들과 전혀 다른 존재들이다. 정치로 치면 왕도가 아니라 패도를 가는 위정자가 그들이다.

져주고 산 그리스도처럼 우리도 자신을 바쳐 솟아오를 수 있어야 한다. 우리 가는 길의 마지막은 하느님 계시는 곳이다. 오랫동안 방황했지만 그리움을 풀 곳은 하느님 계신 그곳뿐이다. 그 계신 계계 드는 일은 기쁘고 좋다. 그곳에는 거할 방이 많다. 하느님 안팎에 머물던 이들 모두가 모이고 선한 자 악한 자 모두를 살려주는 아버지인 까닭이다.

## 2) 十(−ㅣ·)남게 달니신 예수 『다석일지 1권』(1955. 12. 26.)


十(−ㅣ·)남게 달니신 예수


난게 싸라지이다·
우리 다 가튼 나신 아들
우리 한가지 한나신 아들(나난나는 못난 나지만)
지고 믿고 예는 길이, 오직 우리의
예예혜브터 까지 이어이어 수거니.


빚낸민현(미턴) 믿지쟌으려고
첫참브터 쇠부릴 생각만 흐려는 장사치 차름
알아맞힘(마침)을 쓰라는 것이 아닙니다.
장사치도 알아마칠 수가 업서서, 길바닥에 안진 점쟁이에게
미천을 쏘 잘리는 것이오
점쟁이도 알아 마칠 수가 업어서, 그런 장사치를 쏘 쓰더 먹는
것이다
예 날로 예나가는 사람사리에는 알아 마칠 수를 막은 것이다.


─ㅣ·는 세상의 수평선을 뚫고 올라 아버지 마음에 가닿는 가온찍이 태

극점을 일컫는다. 한마디로 고통을 수반한 십자가이다. 이렇듯 천지인 삼재가 모인 것이 십자가이자 사람의 아들(人子) 그리스도인 것이다. 남게, 나무(십자가)에 달리신 예수란 말이다. 하느님에게로 돌아가신(歸一) 예수가 그리스도시다.

난게는 계(天父), 즉 아버지 뜻을 따라 십자가를 지겠다는 말이다. 우리도 예수와 같은 동일한 독생자인 까닭이다. 비록 이 땅에 태어난 나는 육체적으로는 하늘에 이를 수 없으나 정신으로 예수처럼 하늘에 오를 수 있는 같은 아들(독생자)인 셈이다. 하늘 아버지를 믿고 십자가를 지고 위로 오르는 것이 우리 할 일이자 갈 길이다.

이 땅(예)에서 여기 사람(혜)을 거쳐 하늘(헤)까지 계속 이어 이어 올라갈 수 있도록 받은 능력(受)이 힘이요 믿음이다. 바로 이 길을 가신 이가 이어이어(예) 온 능력(수), 예수인 것이다. 이 길을 계속 뒤따를 존재들이 바로 믿는 사람들이다.

남의 돈 빌어 빚으로 세상 것 쌓아 올리려는 생각 말라. 반드시 성공할 생각도 하지 말아라. 계산하고 기술적으로 속이려 들지 마라. 우리는 하늘에 속한 사람이지 땅에 속하지 않았다.

우리는 세상에서 지는 사람들이나 하늘나라에선 이긴 존재이다. 예부터 성인은 점을 치지 않았다. 점쟁이 역시 모르는 것은 모를 뿐이다. 미래를 알아맞혀 복 받고자 기를 쓰는 흙덩어리 인생을 그만두고 나무에 달린 그를 따라 하늘 오르는 사람이 되어야 한다.


3) 글 그리울 밖에 『다석일지 2권』(1956. 11. 13.)


글 그리울 밖에


ㅣ ㅓ ㅣ 예수는

숨쉬는 한목숨, 히어늘-그 · ㅣ 륵.

나가마다, 그만 마다나 · ?

빛드러 숨길 막지 말고,

숨드러 고디 고디 나가는,

빛을 따러 타다 낳란

븨히 이히히 히이마로다.

그리스도록,

나갈 말슴,

그를 그리울 밖에.


위 한글 시 제목은 하느님을 그리워할 도리 외에 다른 길은 없다는 뜻이다.

이어이 예수는 이어이어 여기까지 온 하늘 능력이자 생명, 힘이다. 예수가 하느님 독생자라면 우리 역시 모두 독생자란 말뜻도 담겼다.

나는 예수와 같이 힘이요 능력이요 생명이다. 예수는 살아있는 모든 생명과 한숨을 공유하는 존재인 것이다. 살아있는 모든 것이 한 생명이요 전체란 말이다. 이를 일컬어 씨알 생명이라 말해도 좋다.

그렇기에 숨을 쉬는 한 목숨 모두가 거룩하다. 목에서 쉬는 숨이 영원하신 하느님에까지 이어진(히어늘) 우리 역시 거룩할 수밖에. 이처럼 하늘 생명을 받았기에 우리는 거듭 나가야 마땅하다. 그만 그칠 수 없다. 함께 끝까지 나가야 옳다. 나는 나가는 존재이다.

빛 들어왔다고 좋아할 일 아니다. 그 빛은 오히려 우리 숨길, 나갈 길을 방해할 수 있다. 빛 들어가 비뚤어질 될 공산이 크다. 빛 탓에 호불호, 미추의식 등 분별 의식이 생길 수 있는 까닭이다.

생명의 본질은 남녀가 만나는 데 있지 않고 고디곧장 하느님께 오르는 데 있다. 그 과정에서 내가 전혀 다른 나로 탄생하게 된다.

마음을 비우고 겸손하게 이마로 하느님을 인 채로—혹은 십자가를 진 채로— 그리(글이) 스도록 해야 한다. 하느님 나라에서 우뚝 설 때까지 나가야할 말씀이 내게 있으니, 그리스도가 그리울 수밖에 없다. '이히히'는 하느님을 이마에 더욱 분명하게 이고 그에까지 이르자는 뜻이다.

이 시에서 글은 진리를 일컫는데 인격이신 예수이기도 하다. 그리스도는 글이스트, 글 자체란 뜻도 된다. 예수와 그리스도는 결국 정통 기독교가 뜻하는 바와 달리 인격과 진리로 보편화될 수 있다. 인격과 진리는 예수/그리스도란 이름보다 더 본질적이다.

4) 근긋 『다석일지 1권』(1956. 11. 24.)


근긋


근 근-른 글 끝ᅦ

끝-나믄 금튼고

그긋 긎 : ㅣ 긎ㅣㅁ


근 근은 그이는 끝까지란 뜻이다. 글이 설 수 있도록 했다는 의미이다.

그이가 종당에 이른 글은 완성된 글, 하느님 말씀이겠다.

여기서 그이는 의당 예수일 것이다.

예수는 위로 오르고 올라 하느님 말씀이 되어 급기야 십자가에 달려 자신

삶을 끝냈다. 끝-나믄은 십자가(나무)에 달렸다는 말이다.

그러나 그는 죽지 않고 다시 살아(금튼) 하늘나라에 올랐다.

하늘의 한끝인 긋의 존재, 예수가 말씀을 완성시켜―십자가에 달려(그

긋)― 종내 하느님 옆에 앉아계신다(긎임).

예수처럼 이렇게 내가 하느님 안에서 한 몸이 되는 것이 인생의 목적이

다. 십자가를 지는 일, 즉 열매를 맺어 땅에 뚝 떨어지면 우리가 하느님의 글

이 되는 것이다. 그리스도는 글올이 슨(글올을 이룬) 존재란 뜻이다.

5) 예수(慈克)『다석일지 4권』(1961. 6. 3.)

예수(慈克)

한웋로 머리둔 나는 한웋님만 그리웁기
나 섬이 기므로 오직 하나이신 님을 니기,
섬김에 세우신 목숨 그리스도 기름 깊.

거듭 말하지만 예는 이어이어 여기까지를, 수는 능력, 힘, 생명을 뜻한다. 하늘의 끝(긋)인 내게까지 이어져 온 하늘 힘, 곧 성령이란 의미도 지녔다. 자(慈)는 까마득한 위로 오른다는 것 그리고 극(克)은 자신을 이긴다는 뜻이다. 자극은 자신을 이기고(예수) 하늘로 오른 그리스도를 적시한다.

따라서 하느님을 이마에 인 나는 그분만 그리워하며 살 수밖에 없다.

내가 세상에서 출세하는 것은 그이가 되는 것으로 하느님 그를 이마에 이는 일이다. 하늘 아버지를 섬기고 받들기 위해 일으켜 세워진 목숨이기 때문이다.

하여 내 속의 그리스도(속알)을 양육하고 기를 책임이 있다. 언젠가 나도 예수처럼 까마득한 하늘로 올라 그리스도가 될 것이기에.

6) 예수나시다! ㄴ? 피!! 『다석일지 2권』(1968. 3. 8.)

예수나시다! ㄴ? 피!!

힘입 : 니고. 오리 : 지고, 오름 : 오르신. 언니는?
이어 이예, 서룬 히 거룩히 쉬신 : 예수 목숨!
팔다리, 못 구멍이 넷 : 찔닌 허리 : 로도 피!!

일직 니ㄹ 길 '물작난, 불작난, 이고나!' 힛고
다시보니 '끌는 물=피=작난이란 말씀'이오!
숨쉬어 : 피돌림이란? 나랄돌림 : 피쏨기!

숨 매켜 주금 앞이, 말 매키면 절 쥐김 : 몰나?
생각을 펼수 잇는 말은, 피를 돌녀 주는 숨!
말숨을 흠께 돌립소! 쉬엄쉬엄 다 : 잘 : 술!

하느님 영의 힘을 입고 하느님을 머리에 인 채 십자가를 진 예수 언님(얼님)은 30년 동안 거룩한 숨을 쉬며 살았던 그리스도이다.

세상에서 30년을 살면서 거룩한 생각했던 예수, 그의 몸인 팔에는 못 자국이, 허리에는 창 자국이 선명했다. 일찍부터 말씀하셨듯이 세상은 물불 장

난의 시대, 물 끓고 피 쏟아지는 전란의 세상이 되었다. 숨 쉬면서 피를 돌리려면 나라를 바로잡아야 하고 그렇게 하려면 누군가는 피 흘려 죽어야만 할 것이다.

숨 막혀 죽는다는 것을 알면 말이 막혀 죽는다는 사실도 알아야 할 것이다. 생각을 펼 수 있는 말숨이 피를 돌리는 힘이 된다. 예수뿐 아니라 우리 모두 말숨을 함께 돌리면 두루 잘 살 수 있는 세상이 될 것이다.


7) 혼ᄂ신 ᄋ돌 (요한 1장 1-18) 『다석일지 2권』(1969. 10. 5.)


혼ᄂ신 ᄋ돌 (요한 1장 1-18)


ᄆᆯ숨이 혼ᄂ신 ᄋ들로 됩샤.

우리 ᄀᄃᆡ 눕

힘입 춤올이 가득ᄒ시와

그빛월이 거룩

님이여 예수그리스도

기리우며 우럽습.


빼어나신 독생자 예수, 진리가 하느님 독생자 되어 우리 중에 태어났다.

우리는 이런 예수를 찬양하며 우러른다. 하늘 은혜를 힘입어 태어났기에 그 속에 진리(참읗)가 가득하여 영광(빛월)이 찬란하다.

한나신 아들, 독생자 예수는 하늘 뜻을 알고 이뤘던 효자이다. 부자유친의 참된 본보기라 하겠다. 예수는 '내 안에 하늘 있고 하늘(아버지) 속에 자기 있다'고 말씀했다. 이 은혜를 우리도 힘입어 우리 역시 그리될 수 있다.

그리스도 예수와 내가 전체와 부분의 관계이기에 우린 모두 그의 덕을 입은 것이다. 그 힘으로 참읗에 오를 수 있다. 오르는 것이 진리이고 올라 빈탕에 머물면 자유케 된다. 빛월은 빛의 문장(글)이기도 하다. 하늘 오른 독생자 예수를 보고 우리도 오를 수 있기에 오늘도 우리는 그를 기리며 산다.


8) ᄆ리ᄋ ᄋ돌 『다석일지 3권』(1974. 2. 17.)


ᄆ리ᄋ ᄋ돌

오늘ᄂ슴 ᄯ위 예엠? 땅속ᄀᄀ 금!
밝ᄃᄆ 돌!
놉히 놉긴 ᄒ늘 위리? 우리 싱ᄀ
ᄋᄇ뵈시

예수는 마리아의 아들이지 요셉의 아들이 아니다. 예수는 인간 정의(情誼)로 태어난 존재가 아니란 말이다.

성령으로 태어났다는 것과 남녀 정분으로 출생했다는 것은 동이 서에서 멀듯 다르다. 말씀으로 세상에 오셨고 독생하여 이 땅에서 사신 분이 예수다.

어두운 땅속에 묻혀 잠시 그곳에 머물렀기에 잠시 어두운 달이 되었다. 하지만 하늘 아버지와 하나 되겠다는 생각만으로 살았고 다시 하늘에 올랐으므로 허공과 짝한 분일 수밖에 없다. 허공이신 하느님을 보고 느끼는 것으로 만족한 존재였다.

예수가 마리아의 아들이란 것은 그가 정의로 태어나지 않았다는 사실을 거듭 적시한다. 이것이 예수님에 대한 다석의 시본 생각이다. 뜻으로는 알겠지만 선뜻 동의되지 않는 부분도 있다.

# 19. 십자가/부활

1) [고린도 전서 15장] 復,活. 본 者들이 있다 『다석일지 1권』(1956. 3. 17.)


[고린도 전서 15장] 復,活. 본 者들이 있다.


萬一 死者無復活(13-19, 29-34)

아담 內에서 모든 사람이 죽음.

그리스도 內에서 모든 사람이 살음(22)


성서는 부활한 그리스도를 본 자들이 있음을 기록했다. 죽은 자의 부활이 없다면 그리스도 부활이 없다고도 쓰여있다. 동시에 우리 믿음도 헛것이라 했다. 죽은 자의 부활은 무엇을 뜻할까? 단지 생물학적 죽음을 말하려는 것인가? 다석은 一日一生主義를 표방했다. 하루살이가 인생이란 뜻이다.

하여 그는 날마다 죽는다고 말했다. 이는 동시에 날마다 부활을 믿는 일이기도 하다.

죽고자 하는 자는 살고 살고자 하는 자는 죽을 것을 알았던 까닭이다. 죽었다 살아나는 것이 정신의 본질이다. 매 순간 몸 줄여 마음 늘리는 것이 죽음이자 부활이다. 이런 삶이 살아생전 지속될 때 우리는 마지막에 맞은 육신의 죽음을 겁낼 필요가 없다. 정신(얼)이 다시 살 것이기 때문이다. 이것이 다석식의 격의된 부활 신앙이다.


### 2) 빈 몸과 새 뜻 『다석일지 1권』(1959. 2. 27.)

빈 몸과 새 뜻

빈탕 근 몸이라야-빈 몸.
내 뻐침이라곤 없어야-새 뜻
새 뜻으로 나오는 말슴이 한얼소리.

儒學의 誠意.
이새말로 創意라ᄅ가.
차라랴-根本意.


진리를 깨달아 빈탕에 이른 마음과 생명을 깨친 마음, 이 두 말을 합쳐 根

本意라 하면 어떨까? 유교는 誠意를 말하고 요즘 사람은 創意를 말하지만 '근본의'가 더 좋을 듯싶다.

근본의는 예수가 십자가상에서 했던 말 '내 뜻대로 마시고 하늘 뜻대로 하소서'를 말한다. 이것이 새 뜻이고 빈탕한 마음이다.

내가 없어지고 내 안의 속알, 곧 하늘이 말씀하는 순간이다. 하느님을 본 마음이 빈탕, 빈 마음이고 거기서 새뜻이 나온다. 여기서 뻗침은 없다.

뻗침은 하늘 뜻에 어깃장 놓는 일이겠다. 여하튼 다석은 빈탕과 새뜻을 십자가와 부활로 이해했다.

### 3) 네에 않요 『다석일지 1권』(1959. 5. 7.)

네에 않요

옛말 흔아 땅에 않떠러진다―
맨첨 옛 잃음.
땅에 붙은 소리, 하, 나 · 너, 옳 · 긇게-한옿 묾음.
으르렁 대는 말성은 네에 · 않요, 버렸음.

한글 시 제목은 '예 할 것은 예 하고, 아니요 할 것은 아니요 하라'(마태

5.37)는 뜻이다. 옛말은 태초의 로고스, 하느님 말씀이겠다. 이 옛말은 하늘에 속한 것이기에 결코 땅에 떨어질 수 없다. 결코 사라질 수도 없는 것이 옛말이다.

반면 땅에 붙은 소리들은 나, 너를 가르고 옳다, 그르다 말하지만, 그 속에 하늘로 오르는 생각이 도무지 없다. 서로들 뽐내며 으르렁거리며 말썽을 피우는 소리들이다. 이 모든 것은 하늘을 잊고 땅만 긍정하는 가치관의 소산이다. 하늘을 예로 수용하고 땅을 아니오 해야 하는데 그렇게 하지 못한 결과다.

땅에서 무엇을 하든, 옳다 그르다 말한들 그것은 좌우의 좌표일 뿐 상하, 높고 낮음이 될 수 없다.

올라가는 것만이 땅에 붙지 않는 진리인바, 이때 예/아니오를 분명히 하는 것이 십자가이다. 우리 사는 터, 세상을 솟구쳐 오르게 하는 새뜻이 부활이다.

4) 빟 우럴은 이 묻엄 별름 같은 짓 않 『다석일지 1권』(1960. 10. 14.)

빟 우럴은 이 묻엄 별름 같은 짓 않

땅은 두레 밥그릇이자, 두레 묻엄이 뚜렷!
살아 땅짧들 ᄒ다가 죽엄조차 별러 묻잠!
별러서 '미이라' 됐선 무슴 쌌을 봤대냐?

죽어서 무덤을 장식하고 몸의 부활할 때를 벼르고 기다리는 것은 참으로 어리석다. 하느님이 허공임을 아는 자들은 무덤 꾸미는 일 따위는 하지 않는다.

땅은 먹거리를 생산하는 토대이자 만물을 매장하는 묘지일 뿐이다.

살아생전 땅 싸움하며 그 크기를 늘리고자 했지만 그 어떤 영웅도 땅을 떠날 수 없다. 땅속에 묻지 않고 미라를 만들기도 했으나 그것이 허망한 일인 것을 세상이 알게 되었다. 미라에서 새로운 것이 나올 수 없다.

아무리 죽음/주검을 별나게 처리한다 해도 그것은 생명이 될 수 없다. 이런 어리석은 일을 마음 씻어난 이들은 하지 않는다.

예수의 몸이 부활했다는 것도 이 점에서 마찬가지이다. 그는 마음 씻어오른 이이지 몸이 다시 산 존재는 아닌 것이다.


5) "몬질떨라" ─ 가르치는 스님들께 『다석일지 2권』(1962. 11. 11.)


"몬질떨라" ─ 가르치는 스님들께


맘의속알 키워솟날 손!
흙몬진 : 땅!끗뭉치!!

내힘 계게 부쳐 : 그는 날.

예다 부틴 거시다 ;

우습다! "몬질떨다니"!? 똥 뵐-따슨-뭄이야


특별히 다석이 스님들에게 하고픈 말을 시에 담았다.

우리 사는 세상은 흙먼지로 덥혀있는 땅덩어리이다. 이곳에서 우리의 속 알 키워 솟나야 하는 것이 우리 인생이다.

그러나 세상을 떠나는 것만이 능사는 아니다. 내 힘이 하느님과 맞닿게 되면 우린 다시 이 세상에 던져진 존재가 된다. 하늘은 우리를 세상을 떠나 살 수 없도록 하는 것이다.


먼지 떨고 세상과 작별하는 것은 小乘이요 다시 먼지(몬)으로 돌아와 번 뇌하는 삶을 사는 것이 大乘이다. 이 세상에서 내가 똥이 되는 것이 자비심이 다. 세상을 위해 자신을 바치는 것이 성불이고 십자가이다.


내가 죽(없)고 남을 살(있)게 하는 것이 사랑이고 자비이다. 내가 똥이 되 고 거름이 될 때 세상은 살 만해진다. 내가 걸레가 될 때 세상은 깨끗할 수 있다. 내가 말씀이 되어 말숨을 쉬면 그리될 수 있다. 이것이 부활의 실상이 다. 오래전 고인이 된 채희동 목사는 '걸레질하는 예수'를 말했다.

6) 그리스도 언 『다석일지 2권』(1966. 11. 16.)


그리스도 언

고임빠질 "굄"을 뭘ㅎ? 식을 사랑 "아랑곳가"
그느르실 어니ㄹ많자! 어니 많단 언잖잖아!
"언"이란 오래 진달낼! 힘을들여
오를랠!(고린도전서13장 4절)


예수 그리스도, 언니는 세상 짐을 지겠다고 십자가를 걸머진 진달래이
다. 힘들지만 위로 오르려고 하늘만 처다봤던 이가 그리스도이다.

울면서 애통해하면서도 오르고 또 올랐던 이였다.

그렇기에 우리 그리스도인은 언니를 따라 살아야 한다. 그를 따라 살면
언짢은 일은 없다. 나를 거느릴 분은 오직 언니뿐이다. 그것이 고린도 전서
사랑 장에 적혀있다.

사랑은 오래 참고 친절하며 시기 없고 뽐냄 없으며 교만치 않다. 그런데
왜 매혹적인 사람에 마음을 뺏기는가? 곧 식어버릴 것인데.

7) ㅓ⊙ ▣—ㅣ (으이아 오으이) 『다석일지 3권』(1971. 9. 29.)

ㅓ⊙ ▣—ㅣ (으이아 오으이)

으이아(야)

오으이(위)

도라왓ᄃ 떠ᄂ왓ᄃ : 죻ᄃ고ᄆ

ᄒ 거신지?

도ᄅ ᄀ ᄃ 떠ᄂ갓ᄃ 실트고ᄆ

ᄒ 거신지?

ᄀ온ᄃ ᄒ 가온ᄆ ㅣ ㅡㅣ • ㄴ ㄱ

으이아는 가로의 세상과 인연을 끊고 세로의 수직선을 따라 하늘에 오를 때 나는 소리이다. 한마디로 십자가를 생각해도 좋다.

오으이는 세상에 내려와 올곧게 사는 뜻을 담았다. 옳다는 것이다.

이 두말을 합하면 '야위'(웨), 곧 성서가 말하는 하느님이 된다.

세상에 온 것을 좋아할 것인가? 세상을 떠난 것을 싫다고만 하겠는가?

더 큰 문제는 내 마음이 한가온, 하늘 아버지 마음속에 드는 일이다. 인생은 뜻을 이루는 데 있지 好惡에 있지 않다.

하늘에 올랐다가(으이아) 다시 내려와 옳게(오으이) 사는 것이 인생을 완성하는 일이다. 그것이 하느님과 함께 사는 일일 것이다. 전자가 십자가라면 후자는 부활이다.

8) 진달내야 :『다석일지 3권』(1972. 4. 18.)


진달내야 :


진달내야 진달내야 어늬꽃이 진달내지!?
내사랑의 진다네게 홀로너만 지인달내랴!?
진달내 나는 진달내 임의짐집은 내질내!!


진달내에 안진나븨 봄보기에 날다지니
안질나븨 갈데업슴 지는 꽃도 웃는고야
안진꿈 다늦게 깨니 어제진달 늬 : 돋으


진달내서 핀꽃인데 안질냐고 픠운듯 몹
픠울덴 옰이울고 질덴 : 븻! 우슴 : 한가디니
님떠멘 흔긋 진들닐 봄압차질 흐이셔!

이 시에 곡을 붙인 노래가 이 책 부록에 실려있다. 상상하듯 이 시에서 진달내는 십자가에 달려 피 흘리는 예수 모습을 상징한다.

그러나 다석은 예수 그리스도 한 분에게만 홀로 짐 지우려고 하지 않았다. 임의 짐을 나도 지고 그 아픔까지도 내가 지고 가겠다고 노래한 것이다.

나도 진다고 진달래인 것이다. 나 역시 꽃 지듯 떨어질 존재라 했다. 봄을 알리는 선봉이 되어 자신과 나라의 운명을 위해 기꺼이 짐을 지고 나서겠다는 고백시인 것이다. 33세에 십자가를 진 예수나 민족 역사를 위해 자기 생명 바친 젊은이들이나 모두 의를 위한 것으로 지고자 피어난 붉은 진달래였다.

의를 위해 사는 것은 죽음을 사는 일이기도 하다. 그러면 죽어서 살게 된다. 의인은 언제나 진달래일 수밖에 없다.


이 시 속에 십자가와 부활의 개인(종교)적, 민족(정치)적 지평이 모두 담겨있다. 김흥호는 진달래에 올라타 착취를 일삼아온 일본을 나비에 비유했다. 역사는 달라져서 한국이 솟나게 되었으니 나비는 앉을 곳을 잃어버린 것이다. 그러니 개인이나 국가나 절대로 안 진다는 말을 말자. 죽어야 할 때는 장렬하게 봄꽃 진달래처럼 앞장서야 역사도 바꾸고 개인도 달라질 수 있다.

9) 우리ᄂᆞᄅ 브른소리(正音)『다석일지 3권』(1971. 9. 30.)

우리ᄂᆞᄅ 브른소리(正音)

오으이 "오의" 부르신 : ㄱ중 바른 소리-세종—
(ㅡ ㅣ •)으이 • 놀우신 ᄂᆞ계 달린 슬ᄋᆞᆷ(슬ᅌᆞ)
믿이-예수-
「등걸ㅣ」 우리 ᄂᆞᄅ-님- 흔ᄋᆞᆯᄂᆞᄅ(하늘나라)-거룩홈.

산색종침묵(山色終沈默)
계광초수철(溪光初透徹)

그따위말 말고
이웅소리 듯소

핏빗? 구린늬?
밑 본(本) 역생지각(逆生知覺) 순산졸자(順産卒者)


위로 오르라고 부르는 소리는 세종 임금이 지은 훈민정음이다. 이것만큼
바른 소리가 없다. 오라고 부르는 복음 가득, 충족한 소리가 한글이다.

으이아(─ㅣ·)는 어린아이가 뱃속에서 태어날 때 지르는 소리로서 천지인 삼재로 구성되어 있다. 땅으로부터 하늘 높은 나무, 십자가에 달린 분, 그로써 인간의 본질을 보여주신 계시자가 바로 예수이시다. 한글이 로고스라면 예수는 그의 실현(육화, 체화)인 셈이다.

등걸, 단군이 이런 하늘나라를 이 땅에 여셨으니 거룩하다.

예수를 위로 오르게 하고 단군을 이 땅에 내려보낸 최초의 말씀이 한글이다.

이처럼 하늘에서 부르는 소리는 바른 소리(정음)이고 그래서 천음, 하늘소리라 말한다. 하여 땅 위에서 들리는 시시한 잡음 듣지 말고 이 웅소리, 하늘소리인 정음만 듣고 살아야 한다.

산색은 하늘로 오르라 지시하며 말없이 서 있고 시냇물은 아래로 흐르며 끝없이 맑다. 햇빛은 깊은 연못을 꿰뚫고 산은 높은 하늘로 치솟아 말 없는 말을 하고 있다. 한글은 이처럼 말 없는 말이다.

밑이 썩어 나는 악취, 구린내, 바로 이것 탓에 피 흘린 십자가가 필요한 것이다. 삶을 거스르는 것이 십자가이다. 생을 거슬러 살 때 바른 소리를 깨칠 수 있다.

# 20. 귀일

1) 몸몰 『다석일지 1권』(1956. 10. 14.)

몸몰

잇는 게 업는 거요 업는 게 잇는 거니

잇는 게 업는 거와 다르지 안코

업는 게 잇는 거와 다르지 안타

땅을 땅땅 잇다 보고 하늘은 하늘하늘 업다고 보려는

'나'여


하늘이 큰 거, 땅이 적은 거라

'한아' 큰데서 '하' 나 나오니

요 적고 저근 '나' 하나 도라 근

큰 한아 드르미, 고딥, 음, 읍

업는 게 업다= 있을 건 다 잇지(속단[速斷])

잇는 게 잇다= 업는 게 만하(아직)


사람들이 흔히 쉽게 일상으로 하는 말들이 있다.

땅을 있는 것(물질)이라며 하늘은 없는 것(성령)이라 하는 말들이다. 하지만 있다는 것(현상)은 사실 없는 것이고 없는 실재가 참으로 존재하는 것이다.

있다는 것이 허무이니 그에 집착하지 말 일이다. 눈에 보이는 땅의 것만 확실히 여기고 하늘하늘 없는 듯 보이는 것을 보지 않으려는 것이 바로 내가 아닌가? 하지만 본디 보이지 않는 하늘이 큰 것이고 보이는 땅은 작은 것이다. 보이지 않는 큰 하나에서 유리된 것이 보이는 흙덩어리(땅)이다. 나 역시 땅처럼 작은 하나일 뿐이다.

작은 하나는 큰 하나에 속해 있다. 큰 하나에 자신을 바치고 감사하는 것이 참을 아는 것이고 생명을 얻는 길이다.


없는 게 없다 하며 있는 것이 다 있다는 속단이야말로 큰 하나 모르는 땅의 먼지들 소리이다. 참으로 있는 것은 없다. 없는 것이 없다면 있는 것 아니겠는가? 우리 마음도 이렇게 될 때 참말을 뱉을 수 있다. 온통 큰 하나로 돌아가는 것이 이것이 귀일이다.

2) 맞한가지 『다석일지 1권』(1957. 4. 16.)

## 맞한가지

한가지(同一) 하늘(天) 한가지 땅

한가지 살음, 한가지 죽음

한가지 없음, 한가지 있음

한가지 저(自) 한가지 남(他)

한가지 않(內) 한가지 밖(外)

한가지 큰거(大) 한가지 작은거(小)

한가지 같은 거(同) 한가지 닳은 거(異)

한가지(同一) 하나(一) 한가지(同一) 많은 거(多)

한가지가 닳은 거를 찾는 것이 맞이오

한두가지가 한가지를 찾는 것이 맞이오

한두가지가 한가지를 찾는 것이 맞임이니,

—이른바, 마챤가지란 것이다— ·

맞임내는 모든게, 한가지 됨을 보임.


하늘 땅은 한 가지(一如)다. 하늘 없이 땅 없고 땅 없이 하늘 없는 까닭이다. 단지 하늘은 위, 땅은 아래에 있다. 하늘 기운 내려오고 땅 기운 올라간다. 그로써 함께 만물을 살려낸다. 천지일여가 이를 이르는 말이겠다.

하지만 사람은 천지를 초월해야 한다. 천지보다 위대한 것이 사람이다. 그럴수록 극복할 과제가 더 많다. 생사/유무/자타/내외/대소 그리고 같고 다름을 넘어서야 한다. 양변과 편견에서 해방되라는 것이다.

가장 어려운 것이 음식남녀이다. 음식은 하나 더 맛난 것을 찾고자 하고 남녀는 둘이 하나를 찾는 일이다. 하나, 둘 상대를 극복해야만 한다. 이때 큰 하나, 절대를 찾아야 한다. 그때 비로소 모든 것이 하나가 된다. 둘을 초월한 것이 하나요 둘에 내재하는 것이 하나이다. 만물을 초월할 때 만물의 주인 되고 그 속에 내재할 때 만물의 종 되는 것이 인간이다. 귀일만이 만물의 주인 될 수 있는 길이다.


### 3) 참 『다석일지 1권』(1957. 6. 30.)

참

참 우리 사람 살림, 힘써 새힘 솟는 샘.


짧은 시지만 여기에 김흥호의 긴 해석이 붙어 있다.

참은 우리, 전체에게 있다. 전체의 살림살이를 떠나서 참을 말할 수 없다.

전체와 함께 사는 것이 내가 사는 길이다. 그때 내가 비로소 사람이 된다.

솟는 샘이란 비가 와서 그리될 수 있다. 내린 비 없이 절로 솟아나는 샘은 없다. 비 역시 전체의 부분이다. 바닷물 없이 어찌 비가 내릴 수 있을까? 샘은 바다와 나뉠 수 없는 불이적 관계에 있다.

나는 전체 속에 있고 전체는 내 속에 있다. 서로가 서로를 위해 존재할 때 살림살이가 유지, 존속될 수 있다.

나무는 자신의 뿌리를 사랑해야 한다. 그러려면 잎을 땅에 떨구면 된다. 자신을 땅으로 돌려 거름 만들면 된다. 자신을 거듭 전체가 되게 하는 일이다. 전체에 헌신하고 모두를 사랑하는 것이 바로 귀일이다. 그래서 대동(大同)을 귀일의 외면이라 일컫는다.

4) 덧덧이 『다석일지 1권』(1958. 10. 11.)

덧덧이

한 맛 같이 봤어야! 알아야! 본새? 앒사인가?
맨첨 끝겆 늘 누구나 한뜻 함께 받으 우리!
뚜려시 받드리 우이 드나 나나 덧덧컨.

덧덧이는 영원히 당당히 공명정대하게라는 뜻이다. 언제나 떳떳하다는 의미이다.

사람으로 살면서 한 맛, 같은 진리 맛을 느끼고 살았어야 서로들 아는 사이라 말할 수 있다. 태초부터 마지막까지 하늘 뜻받아 '우리'가 되어 공동체를 일구고 나라를 만들 때 하늘나라가 이 땅에 세워질 수 있다.

하느님 뜻받은 자는 언제나 뚜렷하고 당당하다. 하느님을 머리에 이고 위로 오르기 때문이다. 참 맛알고 하늘 뜻 이마에 인 나는 영원한 생명이다. 죽음을 넘어선 까닭이다. 태초부터 있는 그와 늘 함께 있는 떳떳한 나다. 이런 나로 돌아가는 것이 귀일이다. 말했듯이 귀일과 대동세상은 같은 말의 다른 표현이다.


5) **벋 맞일 셈이 아님** 『다석일지 1권』(1959. 6. 6.)

**벋** 맞일 셈이 아님

나라 이름 아니흥기를 하나같이 됐으면,
나 남으로 너 나서도 곧잘 일곱 세울 것을,
둘 다섯 여러 놓은데 더럽게도 갈갈이.

가장 두릴 것이 둘, 혼자를 삼간다보다 둘!
단 둘의 몸, 마지 못하는 몸-되면 곱힘으로,
셋이여 또 일곱 거룩 하나 아홉 첫 맞끝.


'나'라고 하는 이름 없는 곳이 큰 하나, 절대의 세계이다. 그곳에는 '다'(전체)가 있을 뿐이지 '나'라는 개인은 없다.

나가 남이고 하늘이다. 아무리 갈라놓아도 만물들이 서로를 세우고 채워주고 있기 때문이다. 그것들이 다시 갈라지고 흩어지곤 하지만….

세상에 삼가야 할 것은 홀로 있는 것(신독)이 아니라 둘이 마주하는 일이다. 남녀가 함께하여 마음이 일어나면 걷잡을 수 없게 된다. 언제든 세 사람이 필요하고 일곱은 완전수라 좋으며 아홉은 첫 맞끝으로 첫과 만나 동그라미, 무한이 된다. 아홉이 다시 하나를 만나면 절대의 세계, 우리들의 귀일처가 된다.

다석은 홀수 중 다섯을 싫어했다. 다섯으로 물질의 영역인 오행을 생각했기 때문이다.

## 6) 된데 머물 오직 몸 『다석일지 1권』(1959. 8. 21.)

된데 머물 오직 몸

이 자라면 되게 흘가,
저 나오면 바롤가, 고,
일곱 즈문 히 두고
못된 뉘 또또 될가라, 니,
새삼슬 될 거 찾지 ᄆ
된몸 븬탕 돌 · 찾 · 갖.

우리는 늘 기다려 왔다. 세상을 바르게 할 자 누구인지를 거듭 묻고 찾았다. 이 사람이면 그렇게 할 수 있을까? 저이가 하면 옳게 될까? 그렇게 기다린 햇수가 7천 년(일곱즈믄)이 훌쩍 지나왔다. 과연 어느 누가 죄로 가득 찬 세상을 달리 만들 수 있을까?

새삼스레 될 것에 마음 뺏기지 말라. 이미 과거에 다 된 마음을 찾고 얻으면 된다. 언제든 되어 있는 마음에 머물면 그리될 수 있다. 그것은 '있'이 아니라 '없'을 찾는 길이다. 된 마음과 빈탕은 어디서든 찾을 수 있다. 세상은 이미 다 되어 있다. 될 것을 찾지 말고 본래 자리로 돌아가면 그뿐이다. 그래서 예수도 우리가 본래의 빛이기 때문에 '빛이라' 말씀하지 않았겠는가 싶다.

7) 도라ㄱ듸 『다석일지 1권』(1960. 7. 6.)

도라ㄱ듸

맞아 낮아 갖이니, 못된데라!
어떠케 될가?
떠나 높이 솟아야 된데로 도로 된 제자리!
새로 뭐? 될것이 아님!
맨꼭대기 저 된데

두 사람이 눈맞아 짝이 되어 아기를 갖게 되었으니 이 세상이 어찌 될까?
짝을 떠나, 맛대신 뜻 찾아 높이 솟아올라야 할 세상이다. 세상은 새롭게
될 필요 없다. 높이 오른 맨 꼭대기는 본래 있던(제자리) 절대 세계이다. 너
나, 일다(一多), 대소의 상대를 소멸시키는 절대계, 그곳으로 돌아가면 절로
완성된다. 다석이 강조하는 귀일이 바로 이것이다. 하지만 다석이 식색 자
체를 부정한다고 볼 수 없다. 자식을 낳고 대를 이을 수 있다면 그것으로 족
하다고 생각했을 뿐이다. 그래도 현실과는 맞지 않아 여전히 논쟁거리이다.

8) 밖에 없다 『다석일지 1권』(1960. 12. 7.)

밖에 없다


계계 그저 못있고
나너 갈러 난데
왼홀이 섭섭!
예다 맞나면 '에서 맞나? 우리가!' 하고
반겨 속삭이지만
예예 일돼 ㄹ
다시 너도 나도, 그도 저도
헤진대로 빟에 있다
나 너 갈러 난데,
다 한 계계로 도라 ㄹ
뒤에 처져 '나만 널 멀리 ㅎ는줄 아냐?' 한다던지,
'너조자 날 잊을 줄은 몰랐다'고 ㅎ던지
깨어진 말방울 소리나 같다! 홀가?


　　계계, 하나님 나라로부터 세상에 떨어진 탓에 너/나가 갈렸으니 외롭고
섭섭하고 안타까울 수밖에 없다.

너나로 나뉜 우리가 여기, 세상에서 만나면 짐짓 반가운 척하지만, 이곳에서는 상호 비방하고 오해하며 결국 짐 되고 적 되며 싸우기 일쑤이며 끝내 죽음으로 치닫게 된다.

너/나, 그/저가 다시 빛(제계)에 이르면 하나가 될 수 있다. 하나 빛으로 귀일하면 너/나 간의 오해와 원망과 갈등은 사라질 것이다. 빛은 언제든 하나요 싸움이 없다. 이것은 통일과 다르다. 남북통일도 귀일에서만 가능한 것이다. 어떤 이념을 지녔든지 사람은 누구나 하늘로부터 얼(성령)을 받았기 때문이다.


9) 한 밑에의 온갖 깃 『다석일지 1권』(1961. 5. 26.)


한 밑에의 온갖 깃


한가지에 닮린 깃(分), 밝(明).
올(理), 하나! 빛 갚. 깃.
잘몬 다 한갈같이 잘있, 빟.
빟않은(空中) 몬자리(物位)!
꼭대기 올 옳아 옳다,
한웋(至上)달맆 팔·다리!

하나 몸통 아래 온갖 깃(분수)이 달려있다. 모든 물질이 하느님과 관계 맺고 있다는 뜻이다.

옳은 이치는 하나지만 갈린 것은 만 가지이다. 성리학에서는 이를 '이일분수설(만수일리)'이라 했다. 세상 속 만물은 하나(씨)에서 갈려져 만유가 되었다.

여기서 빈 것은 만물을 담는 그릇이고 채워진 것은 물질이다. 모든 만물은 하나, 꼭대기에 닿아있다. 만물이 언제든 한 몸을 이룬 그 이유인 것이다. 이 하나에 연결되어 있어야 세상이 바르다. 여기서도 귀일이 다시 강조되었다.

10) 하나= 흔ᄋ= ― 『다석일지 1권』(1961. 8. 21.)

하나= 흔ᄋ= ―

하나알아 있다간데 흔일 알아 흔ᄋ이다
났다들믄 새삶 없나 없흔ᄋ음 근ᄋ 들이
있없이 없이계신듸 아ᄇ 참 찾 도라 듦
몸과 빛는 않밖인채 서름서름 행뎡그르
눈과 빛 귀와 소리샌 아름아리 탐탁홀가?
한늘로 똑똑 뚜려슬 나는 못내 그리옵

여기서 '하나'는 작은 하나, 'ᄒᆞᆫ'는 큰 하나. 부분과 전체의 관계로 풀 수 있다. 세상 태어났다가 죽어서 하느님 나라에 들면 그곳에서 나와 우주가 온 통 하나가 된다.

이곳은 온통 빈탕한 세계이다.

마음과 허공(빛)은 안팎의 관계이다. 이를 모르고 서로 낯설어하며 살아온 것이 인생이다. 눈과 귀의 힘에 의거하여 상대계를 전부로 여기며 살아왔던 탓이다. 하지만 종당 우리는 큰 한아로 돌아가 통째로 하나(ᄒᆞᆫ)가 될 뿐이다.

11) 올 『다석일지 2권』(1965. 3. 2.)

올

잃기 : 싫지? 얻음 : 어딘? 좋음 : 좋지?
얻음 : 얻딘?
얻음 봄 누리 여름 돼 실림,
쟁였 드름 : ㅡ'이읍'
두어라 몬진 모지름 벗어ᄂᆞ와

솟나 올!

올 옳다 올올 올바로 올케ᄒㅣ 것,
-늑으며- 근.
오르지? 옳지? 오른손 : 옳지?
오르른 : 말-옳지?
오로지 올올 바로 줍!
올올마지 : 올마지!

올은 옳은 이치, 정의, 그리고 오른다는 여러 뜻을 지녔다.

봄 여름 가을 겨울, 철마다 철에 맞게 씨 뿌려 열매 열고 거두고 쟁여 사는 것이 좋은 삶이다.

그러나 정신도 성숙해지고 남도 먹여야 더 좋지 않겠는가? 잃는 것을 싫어하고 얻는 것만 좋아해서는 안 된다. 그러려면 물질세계로부터 솟날 생각을 해야 옳다. 그것이 의로움이다.

진리는 옳고 늘 새롭다. 인간을 자유케 한다. 늘 새로운 것을 맞으며 하늘에 오르기 때문이다. 올라가는 것이 정의다. 오른손으로 이를 맹세해야 한다. 전심으로 세상 이치(하나)를 붙잡고 올라가야 한다. 이를 일컬어 진리라한다. 이 점에서 진리(理)와 정의(義)는 같다. 진리는 귀일이고 정의는 대동세계를 말하기 때문이다.

12) 속올 ᄀ 숨 『다석일지 2권』(1967. 4. 18.)

속올 ᄀ 숨

나나 네너 나남남나? 나남업지?
둘이 ᄒ나!
우리 둘도 너나 볼나! 나도 너 먹 너도 나 입!
먹고쌈 그만들 두고 흔몸 : 볼가?

너 : 나올나!? 내 : 널몰라!? 마주보다 :
벅러질라!?
새로 흔이 뭉친다믄! 곧 잘둘로 메우리다!
ᄋ ㅂ ᄋ ᄋ ㅂ 지계로 도라갈가?

속알 가온 삶은 하늘 주신 덕, 바탈(本性)을 따라 사는 삶을 말한다.
여러 글에서 밝혔듯이 나는 네 속에 집어넣을 나다. 그래서 나와 남은 다
르지 않고 분별되지 않는다. 서로 분별되면 서로 먹고 먹히는 존재가 될 수
밖에 없다. 식색 욕망 줄여 끊어 마음을 하나로 만들면 그리될 수 있다.
너는 내 속에서 나온 나인 것인데 내가 너를 알지 못하니 싸움뿐이다. 둘
이 합해 아이를 낳는다 해도 세상은 여전히 갈리고 갈릴 것이다. 둘이 합쳐

아이 낳아 세상 채우는 일 그만두고 하느님께 돌아가면 어떨까? 그것은 곧 자신 속 속알을 밝히는 일이 될 것이다.

자식은 내 속에서 나왔지만 남이다. 계속 남을 낳는 것이 우리 인생이고 세상은 식색에 빠져 싸움뿐이다. 몸의 세계는 둘이지만 마음의 세계는 하나다. 사람은 백만 갈래로 갈리지만 하느님은 우리가 돌아갈 귀일처이다.


### 13) 흔과 한가지 『다석일지 2권』(1968. 11. 13.)

> **흔과 한가지**
>
> 우리 두린 인젠 : 꼭 흔가지?
> 듬 듬까진 : 가지!?
> 둘이 흐ᄂ 된듬은 인제 높 :
> ᄋ ㅣ 두고 흔믈!
> 가지는 가닥지 치기 : 하도 하게
> 안한 가질!?

하나와 한 가지는 같은 말뜻을 지녔다. 아마도 다석은 아내를 생각하며 이 글을 썼던 것 같다.

어느 부부든 언제든 한 가지다. 마음도 몸도 뜻도 생각도 같다.

그러니 현세뿐 아니라 이생에서도 함께 살 것이다. 하지만 보통은 부부 사이에서 태어난 자식을 두고 둘이 하나란 말을 사용한다. 부부지간에 태어난 아이는 솔로몬 재판에서 보듯 결코 나눠질 수 없는 법이다.

여기서 한 가지는 같다, 하나라는 뜻도 있지만 나뭇가지처럼 갈려 나가는 가지란 의미도 있다. 나무 한 그루에서 수백, 수천의 가지가 분기하지 않던가?

사람이 갈라지지 않고 하나 되는 길은 진리에 이르는 길밖에 없다. 역설적이기에 쉽지 않겠지만 유불선, 기독교라는 외형을 벗을 때 가능하다. 만법귀일의 진리, 여기서 하나는 전체가 되고 전체는 하나가 된다. 모든 것이 진실로 한 가지에서 비롯했다.

14) 빌고 부르는 거름 『다석일지 2권』(1969. 9. 11.)

빌고 부르는 거름

이제 예 저희는 이 따위 뉘로
몰미음ㅇ 엄마곜 열은 슬몸 속에서 속올을 키우더니
예수를 미드며 그 그리운 우리 ㅇㅂ지 ㅇㅂㄹ 뵈과져

이 볼로 ᄒᆞ늘길을 가면 ᄒᆞᄃᆞ보니
이제 도ᄅᆞ보건틴 ᄒᆞ늘길 거른 데 껀근 갈피도 잇는가 십고
—이제 이놈은 우리 ᄋᆞᄇᆞᄋᆞᄇᆞ지 계실 얼골ᄌᆞ귀
아ᄌᆞ ᄀᆞᄭᅩᆫ 몪ᄇᆞ지 길에서서 죽은 발을 띄ᄃᆞ ᄇᆞ티ᄃᆞ 붙ᄃᆞ 띄ᄃᆞ
ᄒᆞ는 듯 ᄒᆞ여이다.

이 시 역시 다석의 신앙고백이라 말할 수 있겠다. 제목을 풀면 '하늘 아버지께 빌고 바라는 나의 걸음걸이'가 될 것이다.

지금껏 이 땅에서 나는 어머니께 얻은 몸을 갖고 태어나 속알을 키우며 살았다. 예수를 믿으며 하늘 아버지를 알게 되었고 그분을 만나고자 내 발로 하늘길, 신앙 길을 걸어왔던 것이다.

오랜 세월 흘러 과거를 돌이키니 하늘길 가는 과정에서 사건도 발생했고 근심도 있었으며 갈피를 놓친 적도 없지 않았다.

그럼에도 나 류영모는 아버지 계신 곳, 졔계, 얼 골자기에 오르고자 내 작은 발을 붙였다 뗐다 하면서 지금도 오르고 있다. 이것은 부인할 수 없는 나의 현실이자 실존이다.

여기서 김흥호는 속알을 찾던 류영모와 하느님께 빌던 그를 다소 변별하며 말했지만 내 생각은 다르다. 예수를 알기 전 유교 글 통해 속알을 찾고자 했던 것과 기독교 입문 이후를 구별할 수 없다고 본 까닭이다. 이어지는 다음 글이 그 점을 밝혀낼 것이다.

15) 시편 16편을 읽고 읽어서 짓다 『다석일지 2권』(1969. 10. 16.)


시편 16편을 읽고 읽어서 짓다

가끄온 계 업스니 가야고,
더 글ㅂ 업스니 다 왓게?
예ㅂ루 계면 졔계 근 됄두!
詩篇 十六篇을 읽고 읽고 읽과 지어서!


하느님, 나를 지켜 주소서. 이 몸은 당신께로 피합니다.

야훼께 아뢰옵니다. "당신은 나의 주님, 당신만이 나의 행복이십니다."

이 땅에 있는 거룩하다는 신들, 그런 것들을 좋아하는 자들에게 저주를
내리소서.

다른 신을 따르는 자들은 실컷 고생이나 시키소서. 그 우상들에게 피를
쏟아 바치다니, 망측합니다. 그 이름을 입에 올리다니, 망측합니다.

야훼여! 당신은 내가 받을 분깃, 내가 마실 잔, 나의 몫은 당신 홀로 간직
하고 계십니다.

당신께서 나에게 떼어 주신 기름진 땅 흡족하게 마음에 듭니다.

좋은 생각 주시는 야훼님 찬미하오니 밤에도 좋은 생각 반짝입니다.

야훼여, 언제나 내 앞에 모시오니 내 옆에 당신 계시면 흔들릴 것 없사옵

니다.

그러므로 이 마음이 넓이 기쁘고 즐거워 육신마저 걱정 없이 사오리다.

어찌 이 목숨을 지하에 버려두시며 당신만 사모하는 이 몸을 어찌 썩게 버려두시리이까?

삶의 길을 몸소 가리켜 주시니 당신 모시고 흡족할 기꺼움이, 당신 오른 편에서 누릴 즐거움이 영원합니다.

(시편 16편)


「시편」 16편을 깊게 읽고 지은 시이다.

하느님 나라(계)가 결코 가까이 있지 않다. 계에 이르기까지 거듭 올라야 할 것이다.

그런데 계는 내 마음속에 있지 하늘에 있는 것이 아니다. 위로 오르는 길은 자신 속 바탈로 파고드는 길이기도 하다. 견성이면 성불이다. 속알에 이른 존재가 하느님과 함께 사는 사람이다. 해서 다석은 마지막 연에서 '예바루 계면 제계 근 된다'고 말했던 것이다. '내재'가 '초월'이란 다석의 생각은 앞서 김홍호가 말했듯 유교와 기독교를 분별하지 않고 이 또한 하나로 통섭했다는 의미일 듯하다.

# 21. 대동세계/하느님 나라

1) 우리 하나 『다석일지 1권』(1959. 3. 5.)


우리 하나


나 남아 너, 너 넘어 나, 너 나 맞나 우리 옳지!
우리 말의 그·저 ᄒ니 셋재 남이 따로 있소?
계 졔로 졔계 근듸를 잊고 ᄒ는 남으름.


사람은 모두 하나란 한글 시이다. 너 나 할 것 없이 하나(졔계)로 돌아간
다. '내가 남아서 너이고 내 그릇에 다 넣지 못해 넘친다고 너'라 한다. '네 그
릇에 다 담지 못해 남는 것을 내 그릇에 담은 것이 나'인 것이다. 네 그릇이나
내 그릇에 담긴 시간도 모두 같다. 시간뿐 아니라 공간도 공유하며 산다. 그
이, 저 사람 하며 말하지만, 그 또한 우리 외의 다른 존재일 수 없다.

같은 숨을 쉬고 나중 갈 곳도 같다. 세상일도 모두 우리 일이다. 남의 일로

여기며 나무라고 싸우고 미워하는 일이 가당치 않다. 상대를 떠나 절대로 돌아가면 하나가 된다. 그곳에는 우리밖에 없다. 너/나, 그/저하는 호칭들은 우리가 처음 절대로부터 이격된 죄의 실상일 뿐이다. 상대를 떠나 처음, 태초를 생각하는 것이 종교이다. 살면서 선 그었던 금을 지우고 없애고 넘어서는 것이 회개이다. 내가 없어질 때 우리는 모두 허공(한데)이 되고 그것이 죽음 없는 부활 세계이다. 이를 위해 다석은 '歸一'을 요구했다. 약육강식 없는 大同세계를 이루고자 한 까닭이다.

### 2) 말업슬 말슴이 그리옵 『다석일지 2권』(1963. 4. 14.)

말업슬 말슴이 그리옵

나를 알았으면요! 내날 · 남날 · 하날 · 모든날!
입븐이 · 미운이 · 수 있는이 · 수없는이 · 나를!
하날걸 하난줄알손 너나들이 무슨 말?

위 한글 시는 4월 14일 쓰인 세 글 중 가운데 글이다. 이들 시는 모두 인간(인류)은 '존엄'하며 결국 '하나'라는 사실을 강조한다.

자신을 옳게 안다면 나 너의 구별과 차별은 없다. 내 존엄성을 근거로 남,

인류 그리고 하느님 존엄함을 당연히 알 수 있다. 이쁘다, 밉다, 힘(수)이 있다, 없다, 다르다, 부족하다는 그런 말과는 상관없이 모두가 존엄하다. 저마다 바탈을 지녔기 때문이다.

이렇듯 모두가 존엄한 것을 알면 싸울 이유가 전혀 없다. 조금씩 참으면 전쟁도 막을 수도 있다. 우리는 자신의 성숙을 믿어야 한다. 해가 돋아 오르듯이 솟날 존재인 까닭이다.

우리 인류가 하나인걸, 하느님 자녀인 줄 알면 너 나, 나 너, 그 저라는 말은 의미가 없다. 없어질 말은 '나', '너'요 꼭 있어야 할 말은 인간은 누구나 예외 없이 존엄하다는 사실이다.

인간은 본래 전체이다. 전체가 깨져 개체가 되었기에 나 너가 되고 그렇기에 다시 전체를 그리워 찾게 된다. 너, 나 틈난 자리를 하나로 메우기 위해 말이 필요하다. 이를 위해 언어가 만들어진 것인데 사람들은 죽을 때까지 오로지 '나, 나'만 외치며 모두 죽을 길 가고 있다. 필요 없는 말 하려고 세상에 태어난 것이 아니지 않는가?

그럼에도 틈을 지켜야 할 때가 있다. 틈을 지키며 살라고 부부유별이란 말이 있는 것이다. 그런데 남녀가 너무 붙어 있으면 걱정이다. 온갖 미사여구를 가져다 몸을 하나로 만드는 일에만 골몰한다. 서로 다른 몸을 하나로 만들려는 말은 안 해도 좋은 말이다. 말, 말씀은 오롯이 부자유친, 하늘로 솟나기 위한 것이어야 한다. 大同은 여기서 비롯한다.

## 3) 아니하노라 『다석일지』(670쪽)

아니하노라

잇고 잇서 만코 만타 하다 커서 ㅎㅇ윈 통.
업고 업서 넓고 멀다 ㅇ득ㅎ니 ㅎㄴ 죄ㄷ.
이 ㄱㄴㄹㄹ ㄱ ㄴㄷ 나너볼가 안노라.

이 한글 시 제목이 이채롭다. '아니하노라'.

무엇을 아니라고 하는 것일까? 일체가 둘이 아니라는 뜻을 담았다.

있고(有) 있고 또 있는 것, 많고 많아 너무 커져 온통 하나 되는 것, 그것은 시간이다.

1분 1초까지 나뉠 수 있는 시간이지만 사실 시간은 전체일 뿐이다. 없고 또 없고 넓고 거듭 넓어져서 아득하여 측량조차 불가능한 것이 공간이다.

이 시간과 공간이 가고 오고, 오고 가며 인간을 탄생시켰으니 인간 또한 하나이고 온통이다. 너, 나, 내 생명, 네 생명이 결코 따로 있지 않다. 시공이 그렇듯이 인간 또한 분별지의 대상일 수 없다.

영원한 시간과 무한한 공간, 그 가운데서 끊임없이 생각하는 인간이 하나 되어 어울리는 것이 하늘나라이다. 그렇기에 사랑은 누구라도 서로를 갈라 놓지 말라는 명령일 것이다. 사랑이 있는 곳이 하늘나라이다. 그래서 오늘 한글 시 제목이 '아니하노라'가 되었다.

시간도 공간도 그리고 인간도 하나다. 한 마음, 한 목숨, 한 말씀일 뿐이다. 이들을 둘이라 말하지 말라. 둘이라 '아니하노라'. 다석이 말하는 大同은 이렇듯 온통 하나의 세상이다.

### 4) 모질다가 둥그름 『다석일지 2권』(1963. 11. 26.)

모질다가 둥그름

없않 져!로 : 있밖한듸 서로나 남 : ─ 마주사리,
없이 계신 아브계!로르 : 곧 계계로 근근 길요ㄴ
깨 췩 즙 하나·둘 : 셈은! 모짊 솟즙 : 둥그려

영혼, 얼 혹은 속알은 우리 안에 있다. 하지만 그것은 절대 無, 빈탕 그리고 허공과도 같다. 그렇기에 얼은 없이 있는 법이다. 얼로는 우리 모두 하나이다. 결코 나뉠 수 없다. 예수 역시 우리 얼과 다르지 않다는 것이 다석의 생각이다. 반면 몸은 얼 밖에 있다. 한데(밖)에 있어 서로 나뉘고 다툴 수밖에 없다. 협소한 자기 공간을 지녔기에 나/남의 갈림이 있다. 하지만 그럴수록 없이 계신 하느님, 허공을 생각해야 옳다. 영이자 얼이신 하느님 안에서 우리는 모두 그 품에서 하나이기 때문이다.

하느님 품, 곧 큰 허공이 내가 나 되는 내 안이기도 하다. 우리 속알, 마음이 바로 허공이기 때문이다. 상대 세계 속에서 하나는 둘로, 셋으로 서로 갈라져 마주 보고 있지만, 이 모두는 결국 하나다.

이렇듯 서로 마주 보며 모질게 살아가는 이 세상, 우리 일상을 솟아나려면 모두를 품는 하늘 마음(허공)을 지녀야 할 것이다. 우리 본마음을 알면 하늘도 절로 알 수 있다는 것이 동양 종교이고 하늘나라가 너희 안에 있다는 것이 기독교가 말하는 바이다. 결국 이 세상을 하늘나라로 만드는 것이 大同이다.

자기들 옳음을 주장하고 절대라 호칭하는 이 땅의 뭇 종교, 전쟁 위기가 고조된 남북 현실, 같은 민족이면서 서로 적으로 호칭하는 오늘 상황에서 모질지 않고 둥근 세상을 만들기 위해 최선을 다할 일이다.


5) 그리스도 『다석일지』(1960. 2. 21.)


## 그리스도

한아에서 난-나-는 남 웅글려 계계 들기
남을-너-라고 닉 주어서 참을 볼 일 같스니
이 참이 참 차오매만 그리스도ㄴ 이루기

2월 21일 두 편의 한글 시를 썼는데 두 번째 글이다. 앞의 글에는 사람이 살면서 남의 것을 뺏고자만 하고 자기 것 적다고 불평만 하는 세태를 꾸짖었다. 이런 짓들을 사람으로 태어나서 짐승처럼 '누워' 사는 모습이라 보았다. 사람은 '누워' 살지 않고 '위'로 올라야 할 존재인 것을 강조했다. 그것에 이은 한글 시가 바로 '그리스돈'이다.

그리스도도 아니고 '그리스돈'이라 표기한 것이 낯설다. 그리스도가 되기란 의미이다. 그리스도의 세계를 이루자는 뜻이겠다. 여기서 그리스돈은 大同세계와 같은 의미를 지녔다.

본디 하나에서 나왔기에 나는 그 하나의 끄트머리(끗)를 잘 보살펴 다시 하느님 계신 곳, '계계'로 돌아가야만 한다. 이것이 인간 실존의 본질이다. 앞서 보았듯이 우리말로 남을 '너'라 하는 것은 남에게 '나'를 '넣'어주어 남을 채우라는 뜻이다. 갈등과 대립의 상대로서의 '너'가 아닌 것이다. 이로써 우주는 충만해질 수 있다. 이웃사랑을 제 몸 사랑하듯 하라는 말씀이 바로 이 뜻이다.

너에게 나를 넣어 충만케 된 세상, 바로 이런 현실이 그리스도의 세계, '그리스돈'이다. 뜻으로는 克己復禮, 殺身成人과도 접목될 수 있을 것이다. 개체와 전체가 하나 된 유기체의 세계가 바로 '그리스돈'이다. 주의 기도문이 말하듯 하늘나라가 이 땅에서 이뤄지기를 더욱 간절하게 소망하라는 말이다.

6) 꼭흗몸(貞明万古 克己復禮)『다석일지 3권』(1971. 6. 10.)

꼭흗몸(貞明万古 克己復禮)

; "ᄅ므름" 싫고! "고몹돔", 시원! 름, 텀, 띰으로는?
떼밀어 지우고, 졸라서 촞다가 외누리도
두레도 흔복판 ᄀ되 꼭 일볼 몰 꼭 흗몸!

몇 번 읽어도 어려운 한글 시다. 수차 곱씹어 읽어야 조금 이해된다. 여기
서 'ᄅ므름'은 자기 본체를 찾는 일이다. 나를 묻는다는 의미겠다. 하지만 사
람은 자신을 끝까지 알려고 하지 않는다. 오히려 자기를 잊고자 하는 존재로
서 망각에 익숙하다. 그래서 '고몹돔'은 그만하라, 그만한다는 뜻이 된다. 그
만두는 것을 좋고 시원한 일로 여기며 산다. 필히 자기 속에서 끈질기게 답
을 얻고자 하지 않고 남에게서 해결을 쉽게 얻고자 할 뿐이다.
　'람텀땜'은 라른, 터른, 때문의 줄인 말이다. 자기 책임을 버린 사람들이
많이 쓰는 어투다. 남에게 조르고 졸라서 쉬운 답(에누리)을 얻거나 늘 남 탓
하며 자신과의 정면 승부를 피하며 사는 경우라 할 것이다.
　두레는 인간사는 사회인바 이곳엔 필히 정의가 있어야 한다. 그러려면
사회의 중심에는 언제든지 '꼭 일볼 말', 반듯이 할 일, 볼 일, 할 말이 필요하
다. 정의로운 사회를 위한 필요충분조건일 것이다. 그 조건을 다석은 시의

제목처럼 '꼭한맘'이라 했다. 일편단심, 하늘 아버지에 대한 곧은 정성을 말한다. 세상을 옳게 걱정하는 이의 사명감이라 하겠다. 그 마음이 있어야 온 사회가 하나 되고 한 마음 될 수 있다. 민의를 수용하여 모두를 품는 하늘 뜻 이루라는 것이다. 그러나 이것은 자기를 꼭 알아야 이룰 수 있는 현실태이다. 자기 망각 상태에서는 언감생심, 연목구어일 뿐이다. 자기를 찾지 않고 세상을 결코 구할 수 없다.

이에 김흥호는 이하의 풀이를 덧붙였다. '나'는 세상에 나왔다고 '나'다. 그렇다면 나오기 전에는 무엇이었을까? 여기서 '저'(데)는 출생 이전의 존재를 일컫는다. 이 '저'는 그 자체로 부족함 없다. 저는 모두, 전체로서의 '저' 즉 큰 주체(온통)인 까닭이다. 전체(저)로부터 나왔기에 '나'다. 허나 이 '나'는 그 자체로 힘이 없다. 나에 ㅣ가 더해져 '내'가 되어야 힘이 생긴다. 이때 힘은 하늘로 향하는 본성의 각성을 뜻한다. 필히 '나'가 '내'가 되어야 비로소 위로 오를 생각, 형이상학적 욕망을 지닐 수 있다. 남을 찾을 수 있고 그리워할 수 있는 나가 '내'인 것이다. 그로써 나는 남을 완성한다. 이것이 극기복례이자 大同의 길이다. 나, 너, 네, 냐, 그, 저가 없는 우리의 세상이 여기서 비롯할 수 있다.

이렇듯 자기를 잃어버린 존재 망각에 빠지지 않고 '나'를 '내'로 만들고 '남' 속에 자신을 넣어 '우리'를 만드는 것이 자기를 이긴 솟난 길이자 진리의 세계이고 이상세계라 하겠다. 그때 우리는 태어나기 전의 '저'(전체)가 된다. '계계'에 이른 존재가 되는 것이다.

7) 씨올의 소리 듣잡고녀 『다석일지 3권』(1971. 9. 20.)

씨올의 소리 듣잡고녀

속올이 붉는대로 씨올도 힘츠오리다-
속올ᄆ리가 업슬적에 : 씨올ᄆ린들 늠ㅇ늣릿가?
우리들은 이 ㅣ 들이랍니다
ᄆ리는 흔옿로 들어 :
닐너 늬리는 물 : ㅂ로 듣줍고
피어 퍼지는 김 : 고르 쉬줍니다
발은 ㅂ득이 똥ㅂ득과 ㅎ늑 긑치 돼서 못 떨어질 듯이:
도르ᄆ 근ㅂ니다
그러ᄂ ᄆ리도 불도 몸덩이에 달녓습니다
또 몸덩이 속에는 몸이 들엇고 ᄆ속에는 속올이 들었습니다
속올은 붉고 붉ㅇ 붉고 붉ㅇ딤니ᄃ……
붉는대로 올고 올어딤니ᄃ.
ㅇ는ᄃ로 힘쓰고 쓰는ᄃ로 늑고 늑는ᄃ로 그득츠리ᄃ.
춤입니ᄃ. 빛임니ᄃ. 빛월 보이오리ᄃ. 우리 ㅣ(곧이) 빛월은
보이는 대로 계계 돌리오리니 : 우리 ㅇㅂ 뵈신 계시골입니ᄃ.

우리 울월 울님으로 : 이 슬ᄉ리 슬살어질제 :

이 ᄯᅩᆼᄉ리도 어질 제 : 우리 솟ᄋ옳으리 :

예.―――― 서

계.―――― 로

ᄯᅩᆼᄉ리 슬ᄉ리로도


뒷집 자식 부러울 것도 ᄋ집 아들 고흘 것도,

큰ᄇᆞ들 건네 큰 물의 ᄂᆞᄅ ᄉ람들까지 ᄋ룽곳흘 것 업시 :

우리들은 ㅣ(곧이)입니다. ᄋ 입니ᄃ. 이 입니ᄃ. 뎌입니ᄃ.

그 입니ᄃ. 여러입니ᄃ. 모든 입니ᄃ.


공자 맹자 예수님 석가님 이 양반 저 양반, 다 거두고

孔이 : 孟이 예수이, 석가이 이이 저이로 올습니ᄃ.


人間世上開天國 등걸ᄂᆞᄅ 씨ᄋᆞᆯ ㅣ(곧이) 바로 됩니다

김 상, 이 상이 벗어지듯이

미스터 김 미스터 리도 묽ᄋᆞᆺ케 ᄲ지어야 올습니다!!

못된 년놈의 씨ᄋᆞᆯᄆ머리들은 보지 않겠코, 듣기도 시ᄅ혀!


상당히 긴 글이나 비교적 쉽다. 씨알에 대한 다석의 생각을 담은 한글 시

이다.『大學』의 民을 다석이 순수 한글로 풀어낸 것이다. 얼빠진 민족에 대한 꾸짖음도 글 속에 포함되었다. 한마디로 씨알이 되자는 것이다.

하지만 씨알을 말하되 다석은 무조건 지지하지 않았다. 씨알은 열매를 맺어야만 한다. 그것을 씨알여름(열음)이라 표현했다. 하지만 씨알 속 생명(얼)이 빠지면 씨알머리없는 존재가 되어 버린다. 쓰잘 데 없는 씨알로 변질되어 버려지는 것이다. 그렇기에 다석은 씨알열음을 위해 속알 잃고 씨알머리없이 사는 것에 대해 더 많은 걱정을 했다.

우리 발은 땅에 붙어 발인지 바닥인지 구별키 어렵다. 땅의 사람처럼 살고 있는 까닭이다. 하지만 머리와 발은 몸에 달렸고 몸속에 마음이, 마음속에 얼(영혼)이 들어있다. 이 얼은 생명력 있기에 계속 밝아지고 힘을 생기게 하며 빛을 발한다. 이것이 하늘로 머리 두고 곧이 살 수 있는 인간 존재, 씨알의 삶인 것이다.

이렇듯 우리 얼이 지속적으로 맑고 밝고 힘이 생겨야 땅살이, 이 세상 사는 일도 어질고 편안케 된다. 속알이 땅에서 위로 솟아야 땅살이, 몸살이도 착할 수 있다. 大同세계는 여기서 비롯할 수 있다.

그렇게 되면 중국, 미국 부러워할 것 없다. 일본 아이들 곱다고 쳐다볼 이유 또한 없을 것이다. 일제강점기가 지나고 미국 패권 시대가 도래했지만, 체제가 바뀌었다고 결코 다른 세상이 만들어지지 않는다. 김상, 미스터 김도 소용없다. 하늘로 곧이 곧장 오르는 길밖에는.

우리 민족은 하늘의 글(천문)을 지녔다. 곧이 곧장 하늘로 오르라고 초대받은 민족이다. 공자, 맹자, 석가 그리고 예수 모두를 우리와 같은 하느님 아들—이 이, 저 이, 그 이—로 불러도 좋겠다. 이 땅의 존재들은 누구나 얼(바탈)로서 하느님 아들(딸)로 태어났기 때문이다. 여기에는 너무 종교에 휘둘려 살지 말자는 뜻도 담겼다. 이것이 하늘을 열어 나라를 세운 개천절의 본뜻이다. 백성들 누구나가 열등, 우등 없이 누구와도 비교할 생각조차 없는 나라가 단군의 세상이었다. 자기 속알을 키워 곧이 곧장 하늘로 올라가면 그때 이 땅은 절로 하느님 나라가 된다.

그럴수록 다석의 걱정이 크고 많다. 이렇게 태어난 등걸 나라 씨알들이 속알을 키워, 열매를 맺기는커녕 속알을 쭉정이로 만들고 있으니 말이다. 씨알머리 없는 인간들만 세상에 가득하니 주기도문이 말하듯 어떻게 이 땅이 하늘이 될 수 있겠는가? 자신이 평생 믿었던 동료 제자마저 씨알머리를 잃었다고 보았기에 그의 탄식이 더욱 많고 커졌다. 그럼에도 없이 계신 분이 인간 속에 있듯이 하늘나라는 이 땅에 있다는 것이 다석의 굳은 확신이다.

# 부록

# 다석의 오도송

『다석일지』(1967. 12. 13. 水. 28399.)


나는 시름없고나 인제브턴 시름없다

님이 나를 차지하샤

　님이 나를 마트셨네

　님이 나를 가지셨네

몸도낯도 버릴게래-다-

내거라곤 조금도 아니이래-다-


그럼

계 가온 그저몸은 한늘

　한늘 한한과 함게

　한늘 늘늘느리리

계 기온 그저 낮은

한웋두곤 놉들려드놉히 들이우어 오르오르리

누가 누구누가 뉘게뉘뉘 뉘게

그낯이 봉오릿가 들리오릿가

그낯은 그리스도 가온바로 들리어 게시오리다

계 가온 계심직 아멘

〈가온소리〉는 자각한 소리, 일종의 신앙고백이자 오도송을 일컫는다. 이 한글 시는 류영모 선생이 교회 다닌 지 38년 만에 52세에 지은 시로 자신이 진실로 믿게 되었음을 알리는 글이다. 하느님 안에 잇고 보이 갓난아이가 어머니 품에 있듯이 아주 평안한 마음을 담았다. 하느님이 자신을 차지하고 맡으셨다는 것은 이에 더한 의미가 있다. 이제 자신은 몸도 낯도 버리겠다는 것이다. 몸은 욕망, 낯은 겉치레일 것이다. 세상에 내 것이란 아주 없다는 고백이다. 마음도 하느님 마음이고, 얼도 하느님 얼일 뿐이니 말이다. 하늘 품속에 있는 몸도 결코 내 몸일 수 없다. 자연에 속했고 인류에 속했기에 무한하고 영원한 몸이 된 것이다. 하늘 하느님과 영원히 함께 살 수 있는 몸이다. 이로써 류영모는 더 이상 류영모가 아니었다.

계 가온, 하느님 품에 이르면 세상도 평화로와야 한다. 하느님 품까지 높이 올리어져 보는 낯은 그리스도의 낯이다. 너에게 나를 넣어 충만케 된 세상, 그런 세상이 그리스도 계신 곳이다.

# 다석 사상의 계보 및 좌표
## : 상하좌우를 살피다

**천부경: 하늘 댕일 쪽월**

상경천   중경지   하경인   인중천지일
上經(天), 中經(地), 下經(人 - 人中天地一)

**고운 최치원 풍류정신**

현묘지도   포함삼교   접화군생
玄妙之道, 包含三教, 接化群生

**수운 최제우**

시천주   내유신령   외유기화   각지불이   성 경 신
侍天主-內有神靈, 外有氣化, 各知不移; 誠/敬/信

↑

| 신채호 | 여준 | 다석 류영모 | 톨스토이 | 간디 | 우찌무라 간조 |
|--------|------|-----------|----------|------|--------------|
| 대종교 | 불경 및 노장사상 | ← 바탈/허공 → 비정통성 | | 진리 실험 | 대속/자속 |

↓

| 함석헌 | 김교신 | 김흥호 | 류승국 | 박영호 |
|--------|--------|--------|--------|--------|
| 뜻으로 본 한국역사, 〈씨알의 소리〉 | 무교회주의, 조선적 기독교 〈성서조선〉 | 기독교적 실존, 교회 중심 〈사색〉 | 유학자, 종교 통합사상가, 한국 강조 | 다석 대중화, 탈기독교적 영성가, 얼나/제나 |

↓

| 안병무의 민중신학 | 변선환의 종교신학 | 김용옥의 보편신학 |
|---|---|---|
| 씨알 민중, 고난의 담지자, 오클로스 | 종교성과 민중성, 불교적 토착신학 | 종교다원주의(한국 사상사 속의 기독교) |

歸一신학(大同사상)

| 유교 | 天命之謂性 (천명지위성) | 率性之謂道 (솔성지위도) | 修道之謂敎 (수도지위교) |
|---|---|---|---|
| 기독교 | 하느님(없이 계신 이) | 예수(십자가) | 성령(바탈) |
| 불교 | 見性 (견성) | 苦行 (고행) | 成佛 (성불) |
| 천도교 | 侍天主 (시천주) | 養天主 (양 천주) | 體天主 (체 천주) |
| 원불교 | 同源道理 (동원도리) | 同氣連契 (동기연계) | 同拓事業 (동척사업) |
| 한글 | 계소리 | 예소리 | 제소리 |

# 다석 한글 시에 붙인 곡들

아버지의 말씀을 이루어라

말: 유영봉
곡: 조명욱

Feb. 8, '90 LA.

# 진달래야

<다석일지> 1972.4.18.

말 류영모 곡 이혁

진달래야 진달래야 어느 꽃이 진달래지
신달래에 안신나비 봄보기에 날다지니
진달래서 핀꽃인데 안질러고 피운다맙

내 사랑의 진달래야 홀로 너만 진달내랴
안질나비 갈데없어 지는 꽃도 웃는고야
피 - 울덴 않이울고 질덴 봐우숨 한가지니

어 - 어 - 어 - 어 -

어 - 어 어 - 어 -

진 달 래 나 는 진 달 래 - -
안 진 꿈 다진늦게 깨 니 - -
님 때 멘 한갓 진 달 낼 - -

임 의 짐 은 - 내 - 질 래 -
어 제 진 달 - 내 - 돈 아 -
봄 앞 차 질 - 하 - 이 셔 -

# 참

말 류영모  곡 이혁

참 찾아 예는 길에 한 참 두 참 쉬

잘 참 가 참 참 이 참 아 깨 새 하 늘

끝 참 밝 힐 거 니 참 든 맘 찬 빈 한 아 침 사

뭇 찬 참 찾 으 리 참 찾 으 리

# 한알

말 유영모 곡 이혁

이 빈 탕 한 데 우 리 아 바 마 음 아 바 아 바 지 의 뜻 맨

처 음 이 름 있 우 리 아 바 한 알 한 우 님 - 앎

갸 특 한 한 알 뜻 뜻 뜻 야 웨 여 아

멘 아 멘 아 - 멘